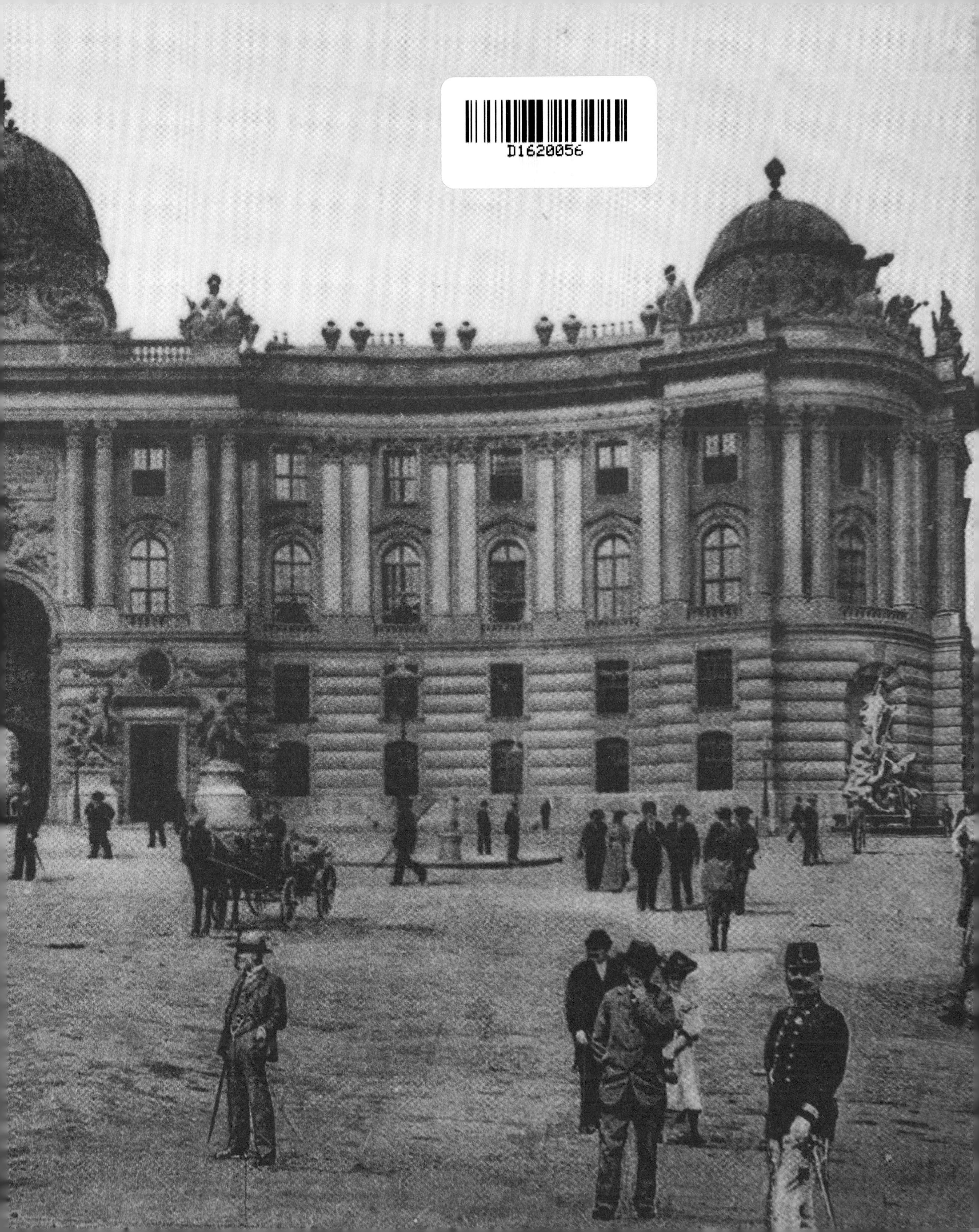

Josef Cachée

Die k. u. k. Hofküche und Hoftafel

Die k.u.k. Hofküche,
die Hofzuckerbäckerei
und der Hofkeller
in der Wiener Hofburg

Amalthea

2. Auflage 1987

Umschlagentwurf: Karl Schaumann, München,
unter Verwendung eines Fotos der
Höheren grafischen Lehr- und Versuchsanstalt, Wien,
sowie einer Zasche-Zeichnung
Layout: Werner Weibert
Gesamtherstellung: Wiener Verlag, Himberg
Printed in Austria 1987
ISBN 3-85002-208-0

Inhalt

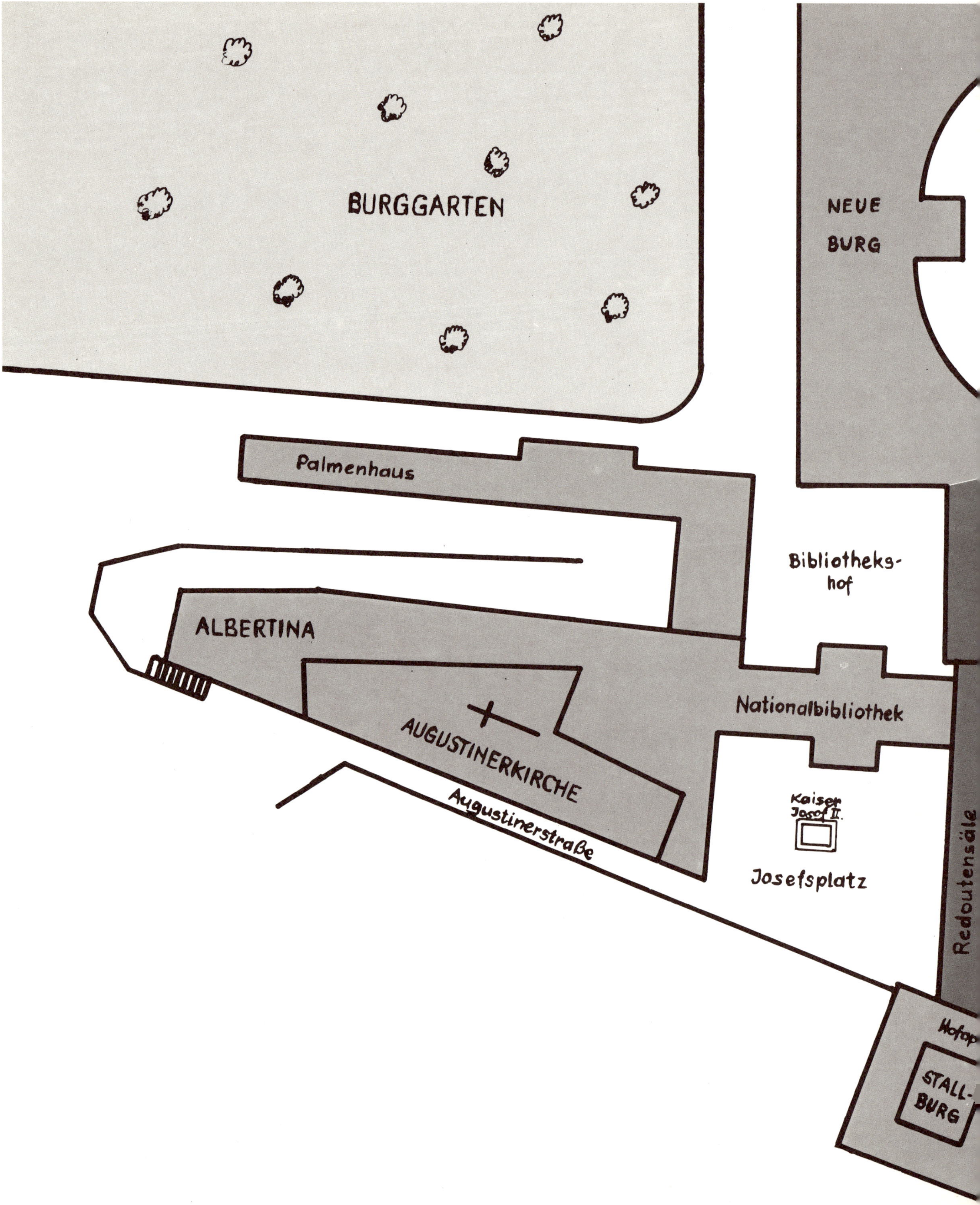
BURGGARTEN
NEUE BURG
Palmenhaus
Bibliotheks-hof
ALBERTINA
Nationalbibliothek
AUGUSTINERKIRCHE
Augustinerstraße
Kaiser Josef II.
Josefsplatz
Redoutensäle
STALL-BURG

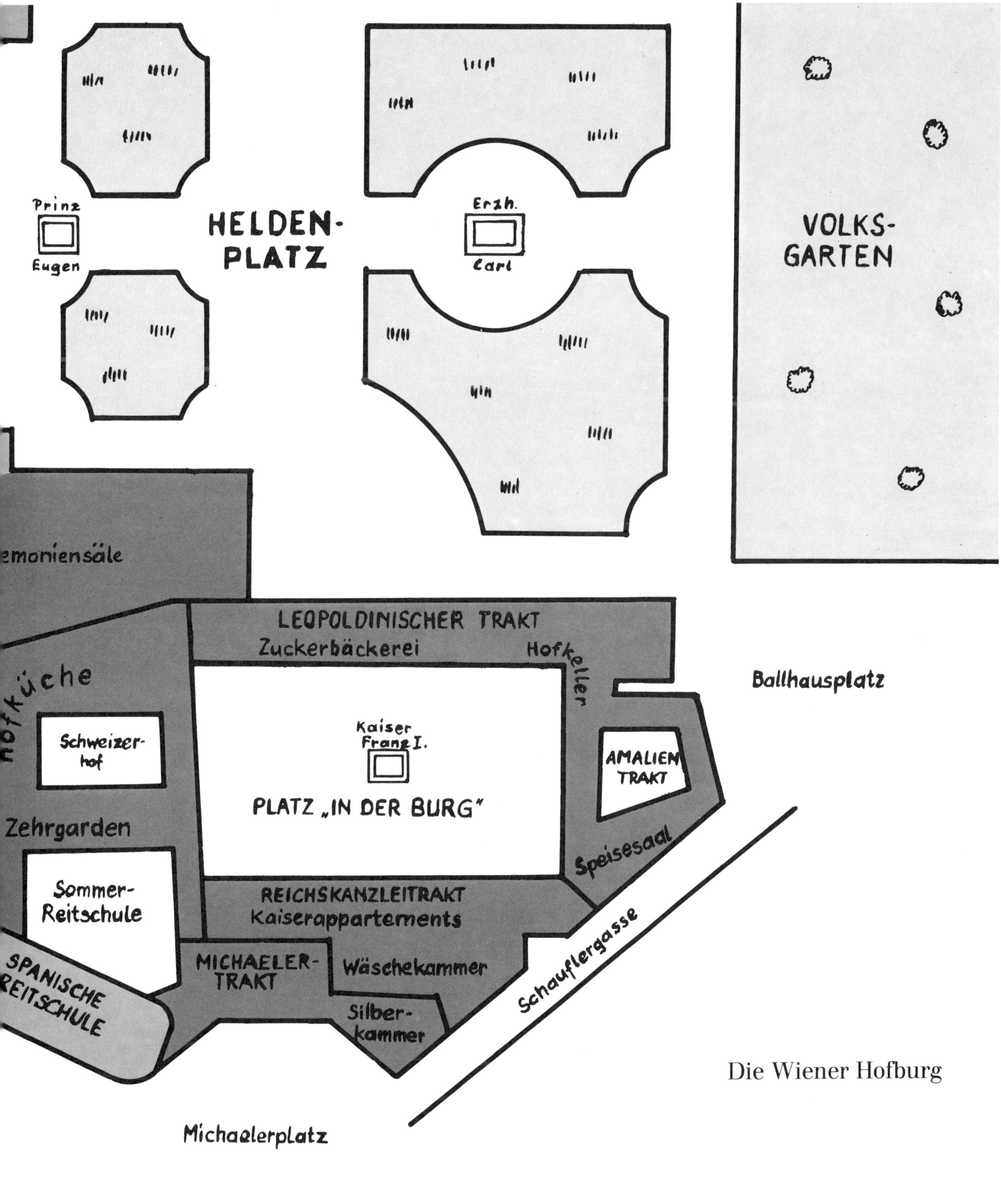

Die Wiener Hofburg

Einleitung

„. . . den Schnauzbart und das Maul sauber abwischen“

Für das körperliche Wohl gibt es nichts Wichtigeres als Essen und Trinken, es hält „Leib und Seel' zusamm'“. Somit stand seit eh und je der „häusliche“ Herd im Mittelpunkt des Lebens – ob er nun beim einfachen Menschen oder beim herrschenden Fürsten seinen Zweck erfüllte, einen Unterschied gab es nur im Ausmaß und in den Spezies der Speisen.

In früheren Zeiten bogen sich die fürstlichen Tafeln bei Festmählern unter dem Vielerlei an Speisen und feinsten Spezialitäten, die schon längst von den Küchenzetteln verschwunden sind: gebratene Schwäne, Pfaue, die nach dem Braten wieder mit ihrem Federkleid überzogen wurden, Reiher, Störche, Rohrdommeln, Kraniche, Biberschwänze.

Der Hofkoch Kaiser Karls VI. (1685–1740) mußte stets sechzehn Gerichte bereitstellen, darunter auch Biberschweife mit Lemoni (Zitrone),

Hoftafel in der Ritterstube der Hofburg anläßlich der Erbhuldigung für Kaiser Josef I. (1705)

gebratene Reiher oder Eichkatzerln mit Karfiol und Erdbeeren, Eierspeisen in Essig oder mit Honig und Äpfeln.

Die meisten Habsburger waren starke Esser, aber fast niemals starke Trinker. Bei so manchen ist die Eßlust bereits im Kindesalter anerzogen worden.

So gründete Kaiser Ferdinand I. (1503–1564) 1523 eine Lehranstalt für Kinder des Adels auf dem Minoritenplatz in Wien. Der Speisezettel der Anstalt war mehr als üppig. Am Sonntag mittag wurde serviert: Krebs, Schnecken, Braunfleisch und Schwammerlsuppe, Rindfleisch mit gelben Rüben, eingemachtes Kälbernes mit Karfiol. Pasteten mit Gans und Ente, Sauerkraut mit Leberwurst und Schweinsohren, gebratener Hase, eine Schüssel voll mit Vögeln und Salat. Am Abend gab es Gerstel, Kapauner (Masthahn) und Capry, gebratene Enten, Gemüse, gebackene Strauben (Tropfteigmasse) oder Pofesen (gefüllte, panierte Weißbrotscheiben), Salat.

Speisesaal in der Hofburg unter Kaiser Josef I.

Tafel in der Hofburg für die Abgeordneten der Städte anläßlich der Erbhuldigung für Kaiser Josef I.

Da war es kein Wunder, daß sich mancher zu Tode aß und schon in jungen Jahren Abschied nahm von dieser Welt. So war auch der unmäßige Obst- mit darauffolgendem Wassergenuß schuld am frühen Tode Kaiser Friedrichs III. (1415 bis 1493).

Karl V. (1500–1558) dachte in den letzten Lebensjahren, nachdem ihm keine anderen Genüsse mehr erreichbar waren, nur ans Essen und Trinken. Die Lieferung für seine Küche war Hauptgegenstand der Korrespondenz zwischen seinem Majordomo und dem Staatssekretär. Die Kurierpost mußte jeden Donnerstag eine Sendung Aale und feiner Fische, wie Thunfisch und Forellen, als kaiserliche Fastenspeise mitbringen. Nach besonderen Rezepten ließ er Hühner in Essig einlegen und vorzügliche Bratwürste nach flämischer Art herstellen. Als die Leidenschaft des Eremiten von St. Just für eine vorzügliche Küche im Lande bekannt wurde, wetteiferten Adel und Geistlichkeit in der Zusendung von Delikatessen, wie fette Kälber, Wild, Früchte, Eingemachtes. Hatte sich der Kaiser schon früher durch zu vieles Essen die Gicht zugezogen, so wurde die Liebhaberei für Aalpasteten, welcher der Kaiser vor dem Schlafengehen huldigte, dann auch der Nagel zu seinem Sarg – den er bereits zu Lebzeiten sich hatte anfertigen lassen, um rechtzeitig das Liegen zur ewigen Ruhe einzuüben.

Kaiser Karl VI. lebte noch völlig im Banne des spanischen Hofzeremoniells, wo jeder Schritt und Tritt am Hofe vorgeschrieben war. Ein „Hoffeiertags-Verzeichnis" regelte haargenau die alljährlichen Feste, die mit einem Kirchgang und einer prunkvollen Hoftafel verbunden waren. Hiebei pflegten die beiden Majestäten öffentlich zu speisen, ohne daß jemand anderer mithalten durfte. Trabanten und Hatschiere mit Lanzen und Hellebarden waren rings um die auf einem Podest gestellte kaiserliche Tafel postiert. Ob den begnadeten Zuschauern beim großen Essen das Wasser im Mund zusammenlief, wird nicht berichtet, aber angesichts des langwierigen und umständlichen Zeremoniells bei Tische, das gewiß auch dem Kaiserpaar lästig fiel, wird ihnen bald der Appetit vergangen sein.

Frey Taffel
der N.Ö. Drey
Obern Hn. Ständten.

Gastmahl Kaiser Maximilians II. (1560)

Tafel anläßlich der Erbhuldigung für Ferdinand IV.

Die kaiserliche „Hoftafel-Vorschrift“ regelte diese „Schau-Essen“ bis ins Detail. Der Obrist-Kuchelmeister Graf Mollart hatte die Vorbereitungen zu überprüfen und dem Monarchen den Beginn der Tafel zu melden. Der Stabelmeister bediente den Kaiser bei der Hoftafel zugleich mit den Truchsessen, beaufsichtigte das Auftragen der Speisen, welche der Panathier auf den Tisch stellte. Sodann schritt der Kaiser in Begleitung der Kaiserin zur Hoftafel, welche mitten im Saal aufgestellt war. Mit dem dargereichten Wasser wusch sich der Kaiser die Hände, das Kaiserpaar nahm Platz. Das Tischgebet wurde laut gesprochen, wobei der Kaiser das Haupt entblößte. Während der Mahlzeit hatte er den Kopf bedeckt, nur wenn die Kaiserin auf seine Gesundheit trank, nahm er den Hut ab. Es wurde auf Silber gespeist. Die Getränke wurden dem Herrscherpaar kniend serviert. Nach der Tafel erfolgte wieder das Händewaschen und das Tischgebet. An Sonn- und Feiertagen sowie an Galatagen spielte die große Tafelmusik. Zu Weihnachten und zu Ostern war auch der Chor dabei. Die Hofkapelle zählte damals einhundertvierzig Musiker und Sänger.

Bei Erbhuldigungen wurden großartige „Freytaffeln" in der Hofburg gegeben. In dieser Zeit – um 1727 – wurden in der Hofburg ständig über 2000 Personen verköstigt. Allein für den Abendtrunk der Kaiserin-Witwe Maria Amalia wurden tagtäglich zwölf (!) Kannen Wein verrechnet. Getrunken hat sie wohl recht wenig davon, denn als fromme Frau – sie gründete das Salesianerkloster am Rennweg – wäre es ihr gewiß nicht angestanden, täglich mit einem Schwips zu Bette zu gehen. Also bedienten sich vor allem die Hofmusikanten mit ein paar Vierterln des kaiserlichen Abendtrunkes, um auf diese Weise in die richtige musikalische Stimmung zu kommen.

Abgesehen von den ständigen Kostgängern in der Burg, mußte Kaiser Karl VI. auch für die Bewirtung der fremden Gesandtschaften sorgen, unter denen wieder die türkische als größte an erster Stelle stand. Als im Jahre 1700 der Pascha Ibrahim seinen Einzug in Wien als außerordentlicher Gesandter des Sultans hielt, mit 871 Mann Begleitung, verzehrte diese Gesellschaft an einem einzigen Tag 2500 Laibe Brot und über 500 Kilogramm Fleisch, abgesehen von Geflügel, Schaffleisch und Obst – eine kostspielige Angelegenheit für den Kaiserhof.

War der kaiserliche Vater noch an große Schlemmereien gewöhnt, so hatte seine Tochter,

die Kaiserin Maria Theresia (1717–1780), bereits die Wichtigkeit einer gesunden Lebensweise erkannt: Als sorgsame Mutter schrieb sie eigenhändig die Instruktionen auf, nach denen die Ernährung ihrer Kinder erfolgen sollte. In der für die Prinzessin Maria Josepha bestimmten heißt es wörtlich: „Das Frühstück ist täglich abzuwechseln; auch soll man sie Brod dabei essen lassen, so viel sie will, außer an gebotenen Fasttagen, wo sie allzeit vier Stücke Brod, niemals aber Kuchen bekommen soll. Abends an diesen Tagen eine Suppen und noch eine Speis, aber nichts Süßes oder Gebackenes ...“

Für ihren Sohn und Thronfolger, den „Volkskaiser“ Josef II. (1741–1790), war es daher nur selbstverständlich, daß seine Hoftafel recht einfach und karg war. Für zwei Uhr war die Tafel angesagt, aber oft wurde es drei oder vier Uhr, bis der Kaiser kam, um schnell ein aufgewärmtes Mahl zu verzehren. Es durfte nicht länger dauern als eine halbe Stunde und die Speisenfolge war immer dieselbe: Suppe, Rindfleisch mit Gemüse, Braten mit Kompott und zwei Stückchen Bäckerei.

Die Hofköche überboten sich an gustiösen Einfällen, um ihre Herren zufriedenzustellen. Ein ob seiner Kunst anerkannter Hofkoch stand in besonderer Gunst seines Herrn und wurde nicht nur gut entlohnt, sondern auch reich beschenkt. Der Koch war es auch, der für die Gesundheit seines Gebieters verantwortlich war und wehe, wenn ein nicht mehr ganz frischer Braten oder ein „anrüchiger“ Fisch auf den Tisch kam. So mancher Intrigant machte sich an den Leibkoch des Fürsten heran, um ihn zur Giftmischerei zu verleiten und so auf schnelle Weise den Fürsten ins Jenseits zu befördern.

Wie es einem Hofkoch ergehen kann, zeigt die Geschichte des Küchenmeisters Stibor Chrezzel.

Es war am Abend des 25. März 1330 (andere Chronisten verlegen die Begebenheit auf das Jahr 1348), als Chrezzel seinem Herrn, dem Herzog Albrecht II. dem Weisen (1298–1358), einen selten großen Fisch servieren ließ, der anscheinend nicht mehr ganz einwandfrei war. Denn kaum war das Mahl vorbei, spürten der Herzog, seine Gemahlin, Johanna von Pfirt, und die Schwägerin, Herzogin Elisabeth von Bayern, Beschwerden, wie sie nur bei Fischvergiftungen aufzutreten pflegen. Der herbeigerufene Leibarzt wußte, dem damaligen Stand der Medizin entsprechend, nichts Besseres, als ganz einfach alle drei hohen Herrschaften an einem Balken, den Kopf nach unten, aufzuhängen. Die Schwägerin überlebte diese Marternacht nicht; der Herzog und die Herzogin kamen zwar mit dem Leben davon, aber dem Herzog war während dieser Roßkur ein Auge ausgeronnen und außerdem blieb er für sein Leben lang an Händen und Füßen gelähmt, weshalb ihm dann der Beiname „der Lahme“ zuteil wurde. Den armen Koch Chrezzel aber ließ der Herzog wegen Verdacht des Giftmordes in den Kerker der Hofburg werfen.

Von nun an regierte Albrecht nur noch vom Bette oder vom Rollstuhl aus. Aber die dramatische Hängekur hatte auch einen überaus erfreulichen Effekt: War die herzogliche Ehe bisher kinderlos geblieben, so zeugte er nun in staunenswerter Reihenfolge Kind um Kind, bis es elf an der Zahl waren.

Der Koch aber, der bereits sechs Monate bei Wasser und Brot gefangen gehalten worden war und nur noch den Galgen vor sich sah, durfte sich nun auch einer Wendung zum Guten erfreuen. Denn in der Burg hatte man einen Pfaffen aus Schwaben entdeckt, der mit unterschobenen Briefen den Koch der Giftmischerei beschuldigt hatte. Wegen der schurkischen Verleumdung wurde er vierzehn Tage lang auf einer hohen Säule auf der Schranne am Hohen Markt in einem eisernen Käfig ausgestellt und sodann auf dem Friedhof vor der Stephanskirche lebendig eingemauert.

Sollte er mit dem Leben davonkommen, hatte Chrezzel in der finsteren Kerkerzelle gelobt, wollte er eine Kapelle bauen. Und so entstand in der neben der Burg liegenden Michaelerkirche, in der auch die Hofbediensteten bestattet wurden, die Nikolaus-Kapelle.

Die Köche hüteten ihre Kochgeheimnisse wie ihren Augapfel. Was sie an Rezepturen aufschrieben, kam hinter Schloß und Riegel, und erst nach ihrem Tode oder noch viel später gelangten einige ihrer Kochrezepte in die Öffent-

Testament des Küchenmeisters Stibor Chrezzel (1350)

Ich Stibor Trewzel ze den zeiten dez Edeln dez Hochgeborn Fürsten Herzog Albrechts in Osterreich in ... [illegible]

lichkeit. Solche handgeschriebenen Kochbücher sind daher wahre Fundgruben.

Das älteste Kochbuch der Welt „De re coquinaria“ stammt von dem römischen Feinschmekker Marius Gabius Apicius. Die meisten seiner Speisen waren breiig und scharf gewürzt.

Die morganatische Gemahlin des Erzherzogs Ferdinand II. von Tirol (1529–1595), die Kaufmannstochter Philippine Welser, schrieb als gute Hausfrau 150 Kochrezepte auf, darunter ein „Fialmus“ (Veilchenmus), das aus Mandelmilch, Reismehl, Schmalz und Veilchenblumen verfertigt wurde.

Welch kuriose Sachen man sich zur Gaumenfreude ausgedacht hat, lesen wir in einem Kochbuch, datiert vom 12. Februar 1787 (12. Auflage!):

Hühner auf junge Hasenart

Nimm schöne große und fleischige Hühner, bereite einen Eßig und gemischtes Gewürz, lasse es untereinander sieden, gieße es dem lebendigen Huhn durch einen Trachter ein in den Hals, geschwind mit einem Spagat zusammen gebunden, damit sie tod werden; fange an bey denen Füßen, und ziehe ihnen die Haut ab, wie denen Hasen, schneide sie auf, nimm das Ingeweid heraus, das Blut aber lasse in ein Häferl, mit wenig Eßig rinnen und aufbehalten. Schneide es durch die Rippen auf, biege das Brüstel vorne, damit sie herauskommen, wie die Hasel, zweymal gespeilt, die Flügel und Füß bey dem ersten Glied weggeschnitten. Nimm klein gestossene Gronawetbeer und Kümm, salze sie, und mit diesem bestreuet; mache eine gute Baiz, und richte die Hühner in einen Weidling, gieße es siedender darüber, und zugedeckt, spicke es schön zierlich, wie die jungen Hasen, gebraten, mit Butter und Milchraim begossen, daß sie schön gelb werden. Richte unterdessen das aufbehaltene Blut, rühre es in einem Hafen ab, nimm guten Milchraim, schwarzes geriebenes Brod in Butter geröst, und Lemoniesaft, ein wenig Rindsuppen, und gut gewürzt. Richte die Hasen schön zierlich auf eine Schüßel, die braune Soß darunter, streue klein geschnittene Lemonieschäller darauf, lasse es ein wenig aufdünsten, giebs auf die Tafel, den Schüßelranft mit grünen Petersil belegt.

Tischmanieren kannte man damals kaum. Man schnitt sein Bratenstück mit dem mitgeführten Messer einfach ab und aß mit den Fingern. Die abgenagten Knochen warf man unter den Tisch, zur Freude der Hunde.

Im Jahre 1624 verfaßte der österreichische Kronprinz, der junge Erzherzog Ferdinand, „Tischmanieren“ für die Hoftafel in der Wiener Burg, die in erster Linie für seine Gäste, Wallensteinsche Offiziere, gedacht waren. Inspiriert

war dieser Erlaß von dem Friedländer selbst, der seine rauhen Gesellen nur allzugut kannte.

Man sollte sich folgender „Mensae regulae“ befleißigen:

1. *Mit blankem Zeuge, saubern Rock und Stiefeln, und nicht angetrunken Ihre kaiserlich-königliche Hoheit zu complementieren.*
2. *Item bei der Tafel mit dem Stuhl nicht wackeln und die Füße nicht lang ausspreizen.*
3. *Item nicht nach jedem Bissen trinken, alsdann man zu früh voll wird; den Humpen aber nach jeder Speise nur einmal halbert leeren, vorhinein aber den Schnauzbart und das Maul sauber abwischen.*
4. *Item mit der Hand nicht in die Vorlegeschüssel langen oder die abgekiefelten Beiner nie zurück oder hintern Tisch werfen.*
5. *Item nicht die Finger mit der Zunge schlecken, auf den Teller speien oder in das Tischtuch schneuzen.*
6. *Item und zum letzten nicht so viehisch humpiren, daß man vom Stuhl fällt, oder item nicht mehr grad weggehen kann.*

Ob dieser Erlaß den gewünschten Erfolg gezeitigt hat, wird nicht berichtet.

„Wien, Haus Nr. 1“ gab Kaiser Franz Joseph I. anläßlich der Volkszählung im Jahre 1910 als Wohnadresse an. Gemeint war die Hofburg! Also kein Haus im üblichen Sinne. Daher war auch die k.u.k. Hofküche keine Küche im herkömmlichen Sinne, sondern ein vom Hofwirtschaftsamt gelenkter Verpflegungsbetrieb größten Ausmaßes, der oft dreitausend Personen und mehr zu versorgen hatte.

Die kaiserliche Hoftafel war, wie heute bei Staatsbanquetten, nicht nur für das Speisen da, sie war ein imposantes gesellschaftliches Ereignis; je nach Größe und Ausstattung unterschied man zwischen Familiendiners, Marschalltafeln und Galatafeln. Hier wurden politische Ziele abgesteckt und mit Trinksprüchen mehr Freundschaften oder nationale Bündnisse gefestigt als bei langwierigen Konferenzen und ermüdenden Sitzungen.

Wie die meisten Fürsten und Regenten wußte auch Kaiser Franz Joseph I. um Macht und Geheimnis einer guten Küche und so kümmerte er sich höchstpersönlich um die Zusammenstellung der Menus.

Selbst ein Feldmarschall Graf Radetzky stieg in die Hofküche hinab, um dem Chefkoch die Zubereitung eines „Schnitzels“, dem späteren weltberühmten „Wiener Schnitzel“, zu verraten.

Die Köche dirigierten einen Stab von Unterköchen und Gehilfen. Sie wußten Bescheid um Sinn und Zweck ihrer Kochkünste, sie ahnten, wie wichtig das Gelingen eines wohldurchdachten Menus für die Zufriedenheit und gute Laune ihrer Herrschaften und deren Gäste war. Große Künstler waren die Zuckerbäcker, die oft ganze Zuckerszenerien auf die Tafel brachten. Den Hofköchen waren daher auch höchstes Lob, Geschenke und Auszeichnungen gewiß.

Dieses Buch soll ein Bild geben von den altehrwürdigen Räumen der Hofküche, der Hofzuckerbäckerei, der kaiserlichen Geschirr-, Silber- und Wäschekammer und des drei Stockwerke unter der Erde liegenden Hofkellers, wo der „König der Weine“, der ungarische Tokayer, lagerte. Auch das Raffinement der Speisenzubereitung nach wohlgehüteten Rezepten wird geschildert und es werden die bedeutendsten Hofköche vorgestellt.

Eine bisher noch unbekannte, zutiefst menschliche Seite des Hoflebens erschließt uns die Geschichte der k.u.k. Hofküche.

Wien, im Juli 1985 *Josef Cachée*

Der Autor dankt Frau Dr. Brigitte Hamann für die Anregung zu diesem Buch; Herrn Dr. Michael Salvator Habsburg-Lothringen für die Zurverfügungstellung historischer Berichte; Frau Johanna Munsch, der Tochter des Hofchefkochs Rudolf Munsch, für Aufzeichnungen und Fotos aus dem Nachlaß ihres Vaters; Herrn Dr. Peter Parenzan vom Bundesministerium für Bauten und Technik für das Bildmaterial der Bundesmobilien-Verwaltung; Herrn Professor Kurt Stümpfl für die Reproduktion von Originalzeichnungen.

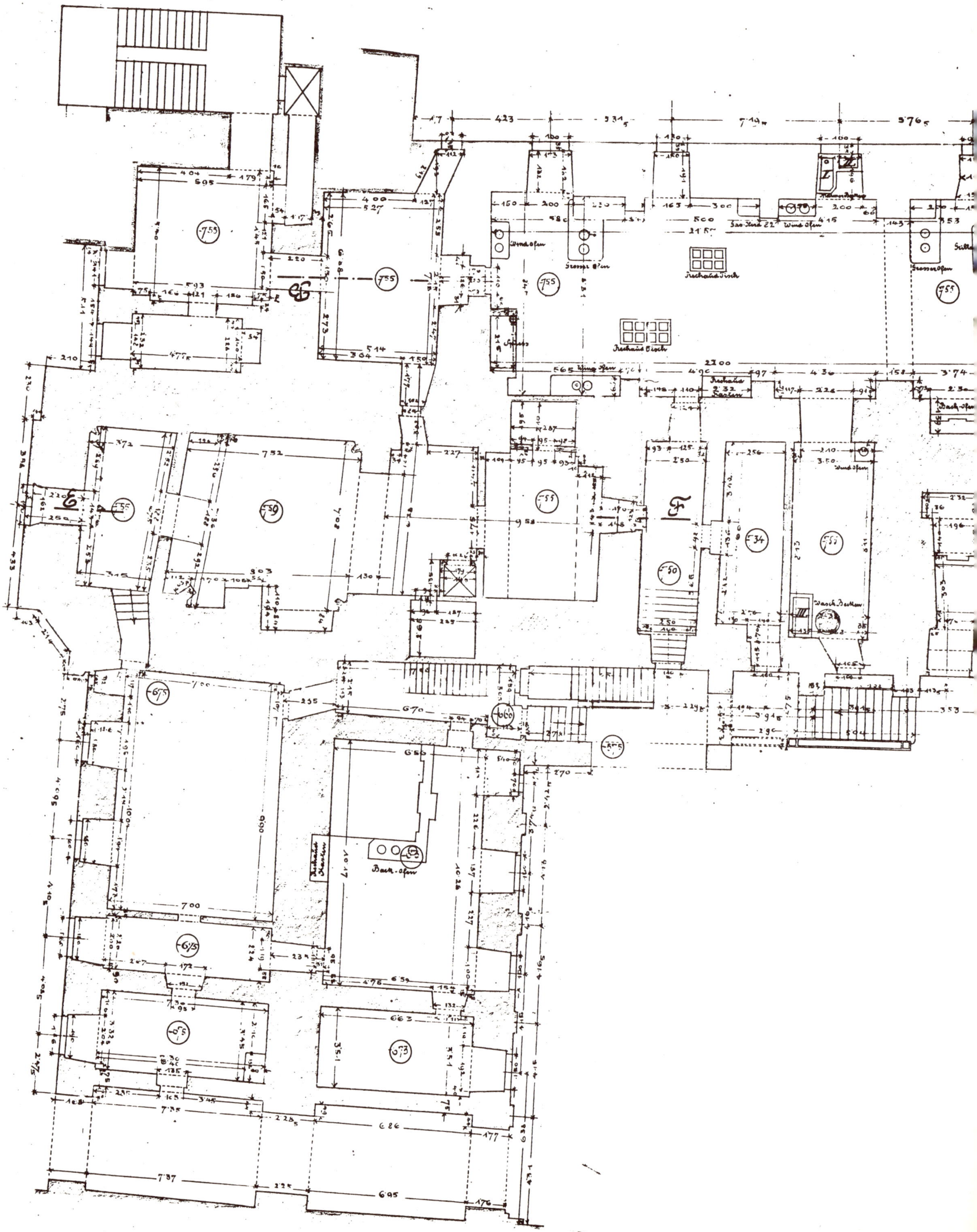

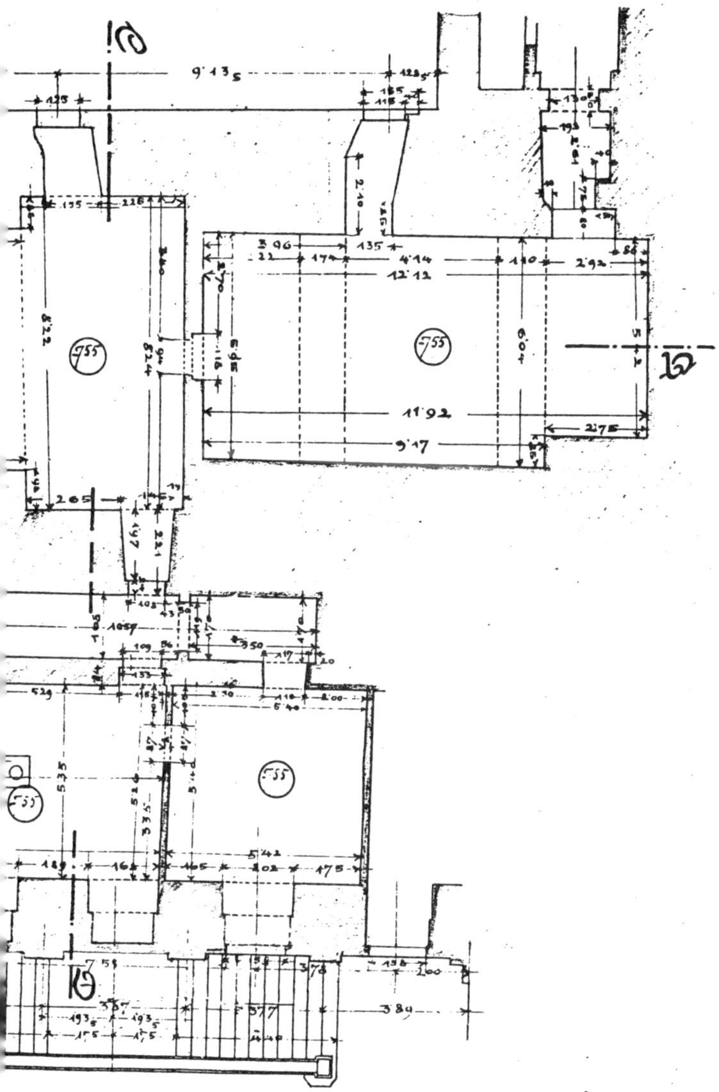

Hofküche

Alter Bestand

Maasstab 1:100.

Schnitt A.B.

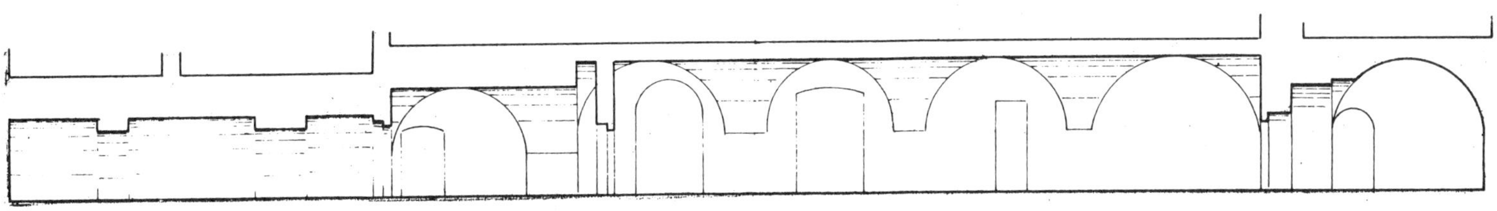

Schnitt C.D.

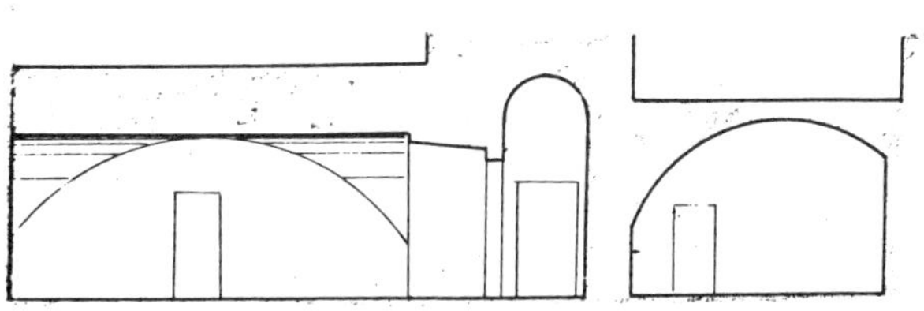

Schnitt E. F.

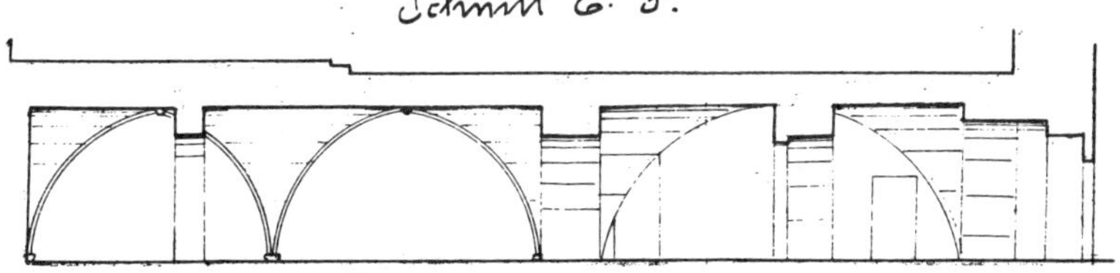

„Große Küche“ mit Bratspießen. Ganz links: Chefkoch Richard Skoda; hinter dem Tisch: Hofkoch Rußwurm.

Eingang zur ehemaligen Hofküche im Schweizerhof der Hofburg (unterhalb der Burgkapelle)

I

Die k.u.k. Hofküche

So lange die Burg zu Wien besteht, und das ist seit dem 13. Jahrhundert, so lange gibt es auch eine Hofküche. Allerdings war sie anfänglich nicht direkt im Burggebäude, sondern in einem Nebengebäude untergebracht. Es war dies ein Barockhaus, genannt „Zum güldenen Hasen", welches mit zwei anderen Privathäusern neben der Burg lag, dort wurde noch im 16. Jahrhundert für den Hof gekocht. Eine Pfisterei (Bäckerei) war im Schweizerhof der Burg eingerichtet, wo auch der Ziehbrunnen stand.

Später wurde die Hofküche, verbunden mit der Hofzuckerbäckerei, in den Schweizerhof unterhalb der Burgkapelle verlegt, wo sie über vierhundert Jahre die kulinarischen Bedürfnisse des Kaiserhauses erfüllte.

Eine Holzstiege führte hinab in niedrige, gewölbte Räume mit breiten Säulen, die sich von der Küchenstiege bis in den Kapellenhof (hinter der Burgkapelle) erstreckten. Vor einigen Jahrhunderten befanden sich dort Kuhställe, zu welchen vom Schweizertor (damals noch Burgtor genannt) ein Holzweg hinabführte. Als man im Jahre 1904 in der Hofküche bauliche Veränderungen vornahm, entdeckte man eine große Anzahl jüdischer Grabsteine. Die Inschriften waren

hebräisch; nach der Schrift zu schließen, schienen die Steine mindestens achthundert Jahre alt zu sein.

Die Hofküche umfaßte zwölf saalähnliche Räume, in welchen die verschiedenen Küchenabteile eingerichtet waren, die sich entweder nur mit Fleischspeisen und Pasteten, sogenannten „Suprême de volaille", Filets von Krammetsvögeln (Wacholderdrosseln) oder Schnepfen beschäftigten. Es gab eine Küche für Wild und Geflügel, mit einer Rotisserie, wobei das Wild von den Hofjagden und von Wildprethändlern kam, denn das bei den Hofjagden geschossene Wild wurde zum Großteil an die Jagdgäste, das Jagdpersonal und die Treiber verschenkt. Für die Saucen- und Mayonnaisen-Herstellung gab es wiederum eine eigene Küche.

Im Hauptraum, der sogenannten Festküche, standen zwei große, mit Windschutzdächern überdeckte Herde, die nur mit Buchenholz beheizt wurden, nebst einem großen Rost (Grillage) und einem kleineren Spießbrater. Zwischen den Fenstern waren große Wasserbassins mit Kalt- und Warmwasserzuleitungen aufgestellt. Auch Bottiche für Süßwasserfische gab es da. In Eiskästen lagerten Hummer, Austern und andere Meerestiere.

Außer den Herden gab es noch sogenannte Windöfen, offene Feuerungen mit Holzkohlen. An der Stirnseite des Raumes stand ein kolossaler Spießbrater mit Handbetrieb, auf dem man bis zu fünfzig Stück Geflügel oder auf vier Spießen vier ganze Roastbeafs oder Lungenbraten grillen konnte. Die Rauchabzüge der Kochmaschinen befanden sich unterhalb des Estrichs.

In der „Kalten Küche" waren an den Wänden Rieseneiskästen mit schweren Deckeln montiert. Hier wurden nur kalte Speisen, wie Schinken,

„Große Küche", Durchblick. Links: Chefkoch Hampel

Oben: „Große Küche", Gegenseite. Ganz links: Chefkoch Geraus, hinter ihm ein „Feuerhund" für den Holztransport. Unten: „Eisküche" (Erzeugung von Gefrorenem in Obstformen)

kalte Fische, Gelées, kalte Braten und dergleichen zubereitet.

Im großen Kochsaal waren zwei riesige Kochmaschinen in Betrieb, mit denen für je zweihundert Personen auf einmal gekocht oder gebraten werden konnte. Die fertigen Speisen kamen dann in die darüber befindlichen, aus vier und fünf Etagen bestehenden Spiritus-Rechauds, deren Temperatur durch Ventilatoren geregelt wurde, was allein fünf Gehilfen erforderte. Außer diesen Kochmaschinen und den Bratspießen, die von sechs und mehr in weißen Mänteln, weißen Hauben und weißen Schuhen gekleideten Köchen bedient wurden, waren sechs kleinere in Betrieb, die in drei Stunden fünf bis sechs Gänge für fünfzig Personen liefern konnten.

Das gesamte Küchengeschirr, auch die meterlangen Bratpfannen, waren aus Kupfer, innen verzinnt. Die größeren Geschirre erstrahlten in tiefblauem Email.

In einem Seitenraum standen heizbare Herde mit Kupferkesseln zum Reinigen des schweren Kupfergeschirrs. Ständig mußten zehn Männer, genannt „Kesselreiber“, das gebrauchte Kochgeschirr mit dreirädrigen Wagen zu den Waschbottichen befördern, dort reinigen, auf Hochglanz putzen und zurückbefördern.

Auf den eineinhalb Meter langen Bratspießen konnten an die vierhundert Stück Geflügel in knapp einer Stunde am offenen Feuer gebraten werden. So ein Bratspießdreher, der recht rasch den Spieß kreisen lassen mußte, oder ein Begießer, der das vom Geflügel herabträufelnde Fett auffangen und übergießen mußte, bekam einen Vorgeschmack des Höllenfeuers. Unter dem Bratspieß stand eine Riesenpfanne zum Sammeln des herabtropfenden Fleischsaftes, der dann wieder von einem eigenen Koch zur Soße verarbeitet wurde. Diese Leute verdienten sich – im wahrsten Sinne des Wortes – ihr Brot im Schweiße ihres Angesichts. Später wurden die offenen Spieße mit „Marienglas“ (Gipsspat) abgeschirmt, als Schutz vor der großen Hitze.

Der verantwortliche Oberküchenchef kontrollierte jede Speise und fand er auch nur den geringsten Fehler, so wanderte das Ganze unerbittlich zurück.

An einer Längsseite der Bäckerei-Küche (nicht zu verwechseln mit der Zuckerbäckerei) waren zwei große, tiefe Backöfen in die Mauer

Guglhupf- und Puddingformen aus Kupfer

Kaffeekessel mit Spirituskocher

Kupferne Wasserkanne

eingebaut. Inmitten des Raumes standen die großen Arbeitstische, die Anrichtetische mit durchfließendem Wasser und gegenüber den Herden die hohen Kästen mit Gesimsen und Glastüren zur Aufbewahrung der Kupferformen. Da gab es ein Riesenguglhupfbecken für rund fünfzig Personen und Puddingformen mit einem Durchmesser von 30 bis 40 Zentimeter noch aus der Zeit der Kaiserin Maria Theresia. Auf den Kastengesimsen sah man die alten, glänzenden Kupferschaffe, voluminöse Tee- und Kaffeekannen und hohe Wasserkannen, mit denen das Wasser aus dem Burgbrunnen im Schweizerhof in die Hofküche getragen wurde. Im Jahre 1852 wurden die Hochwasserleitungen aus Siebenbrunn, Ottakring und Schottenfeld neu installiert, sodaß die Hofburg stets mit gutem, frischem Wasser versorgt war.

In den riesigen Kupfertöpfen konnte man 40 bis 50 Kilogramm Fleisch kochen. Die kupfernen Riesensamoware stammten noch aus der Zeit Kaiser Franz II. Die Kupferkrüge faßten 25 bis 30 Liter.

Zu den Küchenutensilien gehörten große, halbmondförmige Wiegemesser und kleine mit Foligrangriff zum Zerlegen von Krammetsvögeln (Wacholdervögeln), Tranchiergabeln, Schäler, Spalter, Reiber und Mörser. Die Teigwalker, die Schlögel für hartes Fleisch und solche für mürben Blätterteig sowie die Drehscheibe waren aus hartem Holz gedrechselt.

Die Herde in der kaiserlichen Küche wurden mit Buchenholz geheizt, später kam eine zusätzliche Kohlenfeuerung hinzu. Die k.u.k. Hofofenheizer, stets in Uniform und mit der Amtskappe, trugen die Holzscheite in einem V-förmigen Gestell an einer Stange auf der Schulter und schlichteten das Brennmaterial neben den Herden auf. Tag und Nacht mußte die richtige Temperatur in den Herden herrschen. Die Heizer versorgten auch die glasierten Keramik-Rokokoöfen in den kaiserlichen Appartements, Wohnräumen, Dienstzimmern der Hofbeamten und in den Redoutensälen. In den Kaiserappartements erfolgte die Beschickung der Öfen von der Außenseite des Raumes, einem Heizgang, um die im Zimmer anwesenden Personen nicht zu stören. Zur Versorgung der Öfen für einen einzigen Winter mußte ein größerer Buchenwald abgeholzt werden. Die Holzmagazine befanden sich unter der Hofküche.

Neben den Hofofenheizern rangierten die ebenso wichtigen Kerzenanzünder, die die auf- und abziehbaren Luster mit hunderten Kerzen zu bestücken und anzuzünden hatten. Allein der böhmische Kristall-Luster im Audienzsaal der Reichskanzlei erforderte achtzig Kerzen.

Nach 1880 wurde beim Bau der Neuen Burg die Küche umgebaut und neue Räume unter dem „Neuen Saal“ am Heldenplatz geschaffen, die als Anrichteräume für die kalten Buffets dienten. Während des Umbaues übersiedelte die Hofküche in die Kronprinzenküche (eine sogenannte Mundküche für Kronprinz Rudolf) im Schweizerhof mit Aussicht auf den Franzensplatz (heute Innerer Burghof) ober dem Burggraben, an dessen Fassade sich Efeu rankte und die stets von einer lärmenden Spatzengemeinde bevölkert war. In den Jahren 1904 bis 1907 wurde die Hofküche abermals renoviert, wobei Gasheizung und elektrische Beleuchtung ihren Einzug hielten, nachdem schon im Jahre 1852 die Gasbeleuchtung in der Hofküche installiert worden war.

Im Jahre 1803 hatte ein gewisser Dr. Zachäus erste Versuche mit Gasbeleuchtung begonnen, und im Jahre 1816 beleuchtete der Apotheker in der Josefstadt („Zum Goldenen Löwen“) sein Schaufenster mit eigenerzeugtem Gas. Der Apotheker Pfandler produzierte dann das Leuchtgas in tragbaren Flaschen und die Hofküche und die Feldapotheke waren die ersten, die es benützten. Im Jahre 1844 entstand das erste unterirdische Gasnetz. Nun konnte man in der Hofküche neue Gasrechauds aufstellen. Die automatischen Spießbrater wurden mit einem Uhrwerk ausgestattet. Damit verschwanden auch die schweren Feuerhunde (Loris) für den Transport der großen Buchenscheite. Da es jetzt nicht mehr so viel Rauch und Ruß gab, wurden die Wände bis zur halben Höhe mit weißen Kacheln verkleidet.

Neben der Hofküche hatten die kaiserlichen Familienmitglieder noch eigene Küchen, wie die „Großherzogliche Toscaner-Küche“ oder im Amalienhof die „Kaiserin Elisabeth-Küche“. Es waren dies sogenannte „Mundküchen“, die für rasche und kleinere Zubereitungen, wie Frühstück oder Jausen, zur Verfügung standen.

Unter dem Redoutensaal lag ein sehr alter Kü-

*Ein k.u.k. Holzträger
für die Öfen der Hofküche*

chenraum, der bei großen Festlichkeiten zusätzlich in Anspruch genommen wurde. Im Leopoldinischen Trakt gab es außerdem noch einige kleinere Küchen zur Versorgung der Gäste in den Fremdenappartements. Die Anrichteräume für Familiendiners befanden sich am Ende der Alexander-Appartements im Amalientrakt, anschließend an den Speisesaal. Diese Appartements wurden nach dem russischen Zaren Alexander benannt, der während des Wiener Kongresses 1814/15 dort wohnte.

Mit Werkeln zur Hoftafel

Bevor die Speisen in die Speisezimmer gelangten, mußte der Tranchiermeister den Braten zerlegen und der Dekorationskoch die Teile kunstvoll arrangieren, worauf die Gerichte noch für zehn Minuten in den Rechaud wanderten. Erst dann wurden sie zur kaiserlichen Hoftafel befördert. So wie der Hof und besonders vorbildlich Kaiser Franz Joseph selbst die Pünktlichkeit und Genauigkeit in personam waren, so wurde auch in der Hofküche jeder Kochvorgang auf die Sekunde berechnet, und der Hofkücheninspektor war stolz darauf, daß bei einem Menu von zehn Gängen noch nie eine Verspätung vorgekommen oder ein Gericht zu kalt oder zu warm auf die Tafel gestellt worden wäre.

Für den langen Weg von der Hofküche über weite Korridore und hohe Stiegen bis zum Speisesaal wurden die Speisen von Hoflakaien oder Dienern mit weißen Kochmützen in großen, wärmehaltenden, verschließbaren Blechkästen, sogenannten „Werkeln“, zu den Servierräumen transportiert, was viel Geschick im Balancieren erforderte. In der Bodenwandung dieser „Werkeln“ glimmte ein Holzkohlenfeuer, das die Gefäße mit den Suppen und Speisen nicht auskühlen ließ. Der diensthabende Koch mußte die servierenden Lakaien von der Küche bis zum Speisesaal begleiten und garantierte durch diese Aufsicht, daß die Speisen „unverändert“ auf den Tisch gebracht wurden. Oft waren zwanzig bis dreißig solcher Wärmekästen gleichzeitig auf dem Weg zu den Appartements, wo sie wieder von Hofköchen, die im Vorraum des Speisesaales bei den Kredenzen standen, übernommen wurden. Diese seit hundert Jahren geübte Art

Speisenbeförderung mit „Werkeln“ in die Kaiser-Villa in Ischl (links im Vordergrund: Chefkoch Skoda, Hoftafel-Inspektor Anton Grill, Hofwirtschafts-Adjunkt Karl von Prileszky).

des Speisentransportes war die einzige Möglichkeit, denn in der Hofburg gab es nur einen einzigen Speisenaufzug: für den „Neuen Saal“ beim Heldenplatz (heute zum Kongreßzentrum gehörig). Ein Versuch mit einem elektrisch heizbaren Speisewagen mißlang.

Im kaiserlichen Jagdschloß Mürzsteg in der Steiermark oder in der Ischler Kaiservilla, wo das Küchenhaus entfernt lag, wurden die Speisen auf die gleiche Art befördert.

Die k.u.k. Hofhaushaltung

Die Aufsicht über die Hofküche hatte das Hofkontrolloramt, aus welchem später das Hofwirtschaftsamt hervorging. Dieses Amt hatte vor allem für das leibliche Wohl der Majestäten und deren Gäste zu sorgen. Es mußte für eine erstklassige Küche und beste Getränke garantieren und darauf achten, daß der ganze Betrieb nicht protzig, sondern einfach und vornehm geführt werde. Dazu kam die Beschaffung der Lebensmittel und Getränke zu Marktpreisen, die Kontrolle über die rechtmäßige Verwendung der Vorräte, die einwandfreie Zubereitung der Speisen, die appetitliche Anrichtung und die klaglose Servierung auf tadellos gedeckten Tischen.

Der Verkehr mit dem Hofwirtschaftsamt, das sich im Schweizerhof befand – später bezog die Burghauptmannschaft diese Räume –, war streng amtlich und alle Anordnungen an die verschiedenen Offizen (Abteilungen) wurden nur schriftlich ausgegeben.

Das Hofwirtschaftsamt unterstand dem Oberstküchenmeister, der von altem Adel sein mußte. Im Jahre 1874 war es Wolfgang Graf Kinsky von Wchinitz und Tettau, später August Graf Bellegarde und der letzte dieses Ranges, unter Kaiser Karl, war Karl Freiherr von Rumerskirch. Dem Oberstküchenmeister stand der Hofwirtschaftsdirektor zur Seite. Zur Zeit Kaiser Franz Josephs war dies Regierungsrat Karl Linger, der spätere Reisesekretär der Kaiserin Elisabeth, sodann Franz Edler von Worlitzky. Besonders gefürchtet war der gestrenge Sparmeister Hofrat Franz Wetschl, genannt „Exzellenz Wetschl“, der bis zum Jahre 1915 im Hofwirtschaftsamt wirkte. Er kontrollierte peinlichst genau und machte der Verschwenderei in der Hofwirtschaft ein Ende. Der letzte dieses Amtes war der Hofrat Karl Freiherr von Prileszky.

Der Hofwirtschaftsdirektor hatte mit seinen Beamten sowie dem Rechnungsführer die Aufsicht über die Hofköche, die Hoftafelinspektoren, die Hofzuckerbäcker, die Hofkellerbediensteten und die Hofwirtschafts-Offizen, die Hof-Silber- und Tafelkammer sowie die Hof-Wäschekammer.

Als die Beleuchtung der Räume noch mit Kerzen erfolgte, gab es eine Hof-Lichtkammer mit Lampisten und Laternanzündern. Für die Beheizung der Räume und der Herde in der Hofküche sorgte der Verwalter des Brennholz- und Kohlemagazins. Diese beiden Ämter wurden später zu einem Hof-Heiz- und Beleuchtungsinspektorat zusammengelegt.

Im Jahre 1918 hatte das Hofwirtschaftsamt nachstehenden Personalstand:

Oberstküchenmeister: Karl Graf Rumerskirch, k.u.k. Geheimrat, Kämmerer, Oberst a.D.
Hofwirtschaftsdirektor: Karl Baron von Prileszky de cadem et de genere Divék, Hofrat
Administration des Hofkellers: Josef von Renglovics, Regierungsrat
Hofwirtschaftsrat (Hofoberintendant 1. Kl.) Max Eckmann
Hofwirtschaftsrat (Hofoberintendant 1. Kl.) Emil Rosa, Hauptmann a.D.
Hofwirtschaftssekretär (Hofoberintendant 2. Kl.) Robert von Ujj
Hofoberintendant 2. Kl. Gustav Ritter von Manker von Lerchenstein, Leutnant a.D.
Hofwirtschaftsadjunkt (Hofintendant) Hugo Lachmann, Rittmeister a.D.
Hofwirtschaftsassistent der Hofkellerverwaltung Walter Schneider
Hofrechnungsrevident Heinrich Schade
Hofrechnungsrevident Ludwig Elmayer, Edler von Vestenbrugg
Hofrechnungsrevident Max Ripka, Edler von Rechtshofen
Hofrechnungsrevident Richard Bolaffio
Hofoffizial Alexander Bartsch
Hofkanzlist Josef Muck
Hofkanzlist Franz Dulnigg
Kalkulantin Antonia Cosulich.

Hofwirtschafts-Offizen

a) Hof-Zehrgarden:
1 Materialverwalter
1 Maschinenputzer
3 Offizendiener
b) Hofkeller:
Hofkellermeister Leonhard Wilflinger
Materialverwahrerin Hilde Motusz de Also Rasztoka
1 Hofkelleroffiziant 1. Kl.
2 Hofkelleroffizianten 2. Kl.
3 Hofkellergehilfen
5 Offizendiener
c) Hofküche:
Hofchefkoch Otto Desbalmes
Hofchefkoch Karl Tlaschek
5 Hofköche 1. Kl.
4 Hofköche 2. Kl.
1 Hofköchin
4 Bestallungshofköche
2 provisorische Hofköche
6 Hofküchenträger
1 Hofmenageköchin
1 Hofküchenmagd
d) Hofzuckerbäckerei:
2 Hofzuckerbäcker 1. Kl.
2 Hofzuckerbäcker 2. Kl.
2 Bestallungs-Hofzuckerbäcker

Hof-, Silber- und Tafelkammer:

Inspektor der Hofsilberkammer Karl Haber
2 Hoftafelaufseher
4 Hoftafeldecker 1. Kl.
4 Hoftafeldecker 2. Kl.
11 Hoftafelgehilfen
2 Hofsilberputzer
3 Hofoffizendiener.

Die Hof-Zehrgardener

Eine Abteilung des Hofwirtschaftsamtes war der „Hof-Zehrgarden“, der von einem Verwalter, einem Rechnungsbeamten und einigen Kanzlisten geführt wurde. Das altdeutsche Wort „Zehren“ stammt aus der Zeit der Hofhaltung der Babenberger und bedeutet so viel wie „verzehren“. Die Hof-Zehrgardener hatten die großen Vorratslager an Lebensmitteln, Konserven und allen Kochzutaten in den Magazinen zu betreuen. Noch heute erinnert die „Zehrgarden-Stiege“ im

Durchgang vom Schweizerhof zum Kapellenhof an diese wichtige Einrichtung.

Der Hofküchenchef oder der Mundkoch legte dem Hof-Zehrgardenamt täglich eine Liste der nötigen Einkäufe an Fleisch, Geflügel, Fischen etc. vor. Die Bestellzettel wurden dem Küchenkontrollamte zur Revision übergeben, worauf das erforderliche Geld, jeweils zwischen 450 bis 600 Gulden (43.000 bis 57.000 Schilling) bereitgestellt wurde, um es sodann den Lieferanten anzuweisen. Und verzehrt wurde nicht wenig: vor allem bei Hoffestlichkeiten mußten hunderte Hühner, Gänse, Enten, Fasane und Truthühner ihr Leben lassen und wurden auf meterlangen Tafeln in die Kellerräume abgeschoben.

Um die gelagerten Lebensmittel-Vorräte zu schützen, wurde eine ganze Kolonie von Katzen gehalten, die regelmäßig mit Futter versorgt wurden – auch wenn sie an den gefangenen Mäusen schmausten. Über die Ausgaben an Katzenfutter wurde genau Buch geführt. Im Jahre 1812 wurde Claudius Ritter von Fuljod, Hofrat der Hofkammer, beauftragt, Einsparungen – wieder einmal – bei der Hofhaltung vorzunehmen. Als schlauer Sparmeister kam er auf die glänzende Idee, den Katzen, die zum Schutz der Lebensmittellager gehalten wurden, das Futter zu streichen und den Hofdamen zum Frühstück lediglich ein einziges Kipferl zu verabreichen.

Die Lieferung der Lebensmittel an den „Hof-Zehrgardener“ erfolgte in natura von den kaiserlichen Gütern und durch Einkäufe bei den Agrarproduzenten. Für ein großes Hofdiner mit fünfzig bis hundert Gästen mußte das Hofwirtschaftsamt schon tief in die Taschen greifen und so um die zwei- bis dreitausend Gulden herausrücken (180.000 bis 240.000 Schilling). Im Jahre läpperten sich um die 430.000 Gulden (über 38 Millionen Schilling) für die Küchenausgaben zusammen. Auch das Brennholz und das Wild kam von den Hofgütern. Hohe Kosten verursachten besonders die ausländischen Spezialitäten, man denke nur an die horrenden Preise für französische Morcheln.

Der Kongreß schmaust

Bei den Hoffestlichkeiten und bei Besuchen fremder Fürsten setzte jeder einzelne vom Küchenpersonal seinen ganzen Ehrgeiz daran, daß die Leistungen der Hofküche entsprechend anerkannt und gewürdigt werden. Besonders bei Galatafeln galt es, zwanzig und mehr Gänge pünktlich auf die Minute zu servieren.

Anläßlich des Wiener Kongresses, September 1814 bis Ende März 1815, mußten die Hofköche sechs Monate hindurch unter großen Strapazen zahllose Diners bereiten, darunter Spezialgerichte für die Monarchen von Rußland, Preußen, Bayern, Dänemark, Württemberg und Baden.

Die Mittagstafel wurde jeweils um zwei Uhr in der Burg abgehalten, wo im Zeremoniensaal und in den Nebensälen täglich mehrere hundert Gäste speisten. Bei diesen Diners war es dem leutseligen und heiteren Zaren Alexander von Rußland aufgefallen, daß von der Hoftafel oft die köstlichsten Braten und Pasteten zum Tranchiertisch gebracht wurden, ohne jedoch wieder zur Tafel zurückzukehren. Der Zar war darüber recht verwundert und beobachtete von nun an besonders aufmerksam die Vorgänge bei Tisch. Als am folgenden Mittag ein kunstvoll verzierter Fasan, dessen Füße und Schnabel vergoldet waren, auf die Tafel gesetzt wurde und die herrlich duftende Trüffelfüllung des Fasans den Appetit des russischen Kaisers anregte, verfolgte er genau, wie wiederum der Vogel und auch andere Braten auf Nimmerwiedersehen verschwanden. Verärgert verließ er den Saal. Als er an einem Fenster des Speisesaales vorüberging, entdeckte er einen bunten Federschweif, welcher zwischen der Gardine der Fensternische hervorlugte. Er zog den Vorhang zurück und fand zu seiner Überraschung in einem Handkorbe auf silberner Schüssel den entwischten Fasan in einem Nest von Flaschen edelster Burgunder- und Tokayer-Weine. Einem plötzlichen Impuls folgend ergriff er den Korb und brachte ihn in sein Zimmer.

Am nächsten Morgen lud er den Kaiser Franz zu einem Frühstück in sein Appartement. Der Hausherr war über diese ungewöhnliche Einladung überrascht und noch mehr erstaunt, als er lediglich den gefüllten Korb auf dem Tische vorfand. Der Zar erzählte ihm nun in scherzhafter

Weise, wie er zu diesen Delikatessen gekommen sei und den diebischen Servierlakai überlistet hatte.

Jedoch der Kaiser tat gar nicht überrascht und meinte gleichgültig: „Schaun'S, so geht es halt bei uns im Kleinen her. Nun können'S sich eine Vorstellung davon machen, wie's bei Ihnen im Großen hergehen tut."

Daß sich das Servierpersonal „etwas auf die Seite räumt", hat es schon immer gegeben. Von Kaiser Josef II. erzählt man, daß er einmal einen Hofbediensteten in einem Korridor der Burg angetroffen und wahrgenommen hatte, daß der Mann einen mächtigten Fisch, offenbar aus der Hofküche, unter dem etwas zu kurzen Rocke wegtrug. Als der Bedienstete den Kaiser erblickte, geriet er in arge Verlegenheit, aber Josef bemerkte lächelnd: „Ein anderes Mal trage er entweder einen längeren Rock oder einen kürzeren Fisch."

Graf H. von Schlitz erinnert sich in seinen „Denkwürdigkeiten" anläßlich des Wiener Kongresses:

„Das Gegenstück zu den Hof-Festen war der Anblick der Hofküche in der Kaiser-Burg. Wenigen war eingefallen, die Werkstätte zu besuchen, wo die Tafelfreuden für so viele Kaiser, Könige, Fürsten und deren Gefolge bereitet wurden; den Urquell dieser Zauberwerke mußte ich betrachten. Einladend für den Genuß war der Anblick keineswegs. Da lagen die Leichen von Vögeln, Fischen, vierfüßigen Tieren unabsehbar aneinandergereiht. Mehrere Flammen-Pfule (Herdfeuer) empfingen sie zur weiteren Bereitung. Köche, Küchenjungen liefen wie im Gewüle durcheinander, gegeneinander, indessen die Ober-Köche über ihren Schüsseln, wie über Systemen brütend, mischten und trennten, formten und zerstückten, und die Kunst dem toten Tiere, dem reinen Naturstoffe, einen dem Geschmacke, Geruche und Gesichte gefälligen Reiz verlieh. Übrigens ward in dieser Küche nicht allein für die Bewohner der Kaiserburg, sondern auch für Viele ihres Gefolges, außerhalb selbiger, welche ohnedies noch das Recht, Gäste einzuladen hatten, gekocht, gebraten, gebacken. Man versicherte: dem Kaiserhofe koste jeder Congreß-Tag 500 Tausend Gulden, und eine der Provinzen, welche der Friede gegeben, war durch die Verhandlung über selbige wohl wieder verzehrt worden."

Gespeist wird auf Gold und Silber

Die Hofsilber- und Tafelkammer unterstand einem Hof-Inspektor, dem die Hoftafelaufseher, die Hoftafeldecker, die Hoftafelgehilfen und die Hofsilberputzer zugeteilt waren. Sie hatten das vielfältige Service-Porzellan zu verwahren und für die Hoftafel in entsprechender Anzahl und nach Muster bereitzustellen. Nach dem Gebrauch wurde das Porzellangeschirr von den Hofsilberwäscherinnen gereinigt. Jedes einzelne Stück mußte, bevor es abgetrocknet wurde, unter einer eigenen Wasserleitung gekühlt werden. Das Silbergeschirr und die Silberbestecke wurden von geschulten Silberputzern unter der Leitung des Verwalters der Silberkammer geputzt und aufpoliert.

Bei großen Festlichkeiten, besonders bei Besuch hoher Fürstlichkeiten, wurde der ganze Prunk der berühmten Hofsilberkammer entfaltet.

Die Speisen für die Hoftafel wurden nur auf Silbergeschirr angerichtet, bei Diplomaten- oder Fürstenbesuchen wurde auf Goldgeschirr serviert, nur die Alt-Wiener Suppentöpfe waren aus Porzellan.

In den Glasschränken der Hofsilberkammer blitzte und funkelte es von herrlichem Porzellan-, Silber- und Goldgeschirr, Sèvres-, Rokoko- und Renaissance-Service, Karlsbader Porzellan, darunter ein besonders schönes aus der Fabrik Fischer & Mieg, das Kaiserin Elisabeth auf der Wiener Jubiläumsausstellung (1888) gekauft hat.

Ein Glanzstück dieser Einrichtung war das Vermeil-Service (Vermeil = vergoldetes Silber) nach Arbeiten des Pariser Goldschmieds Biennais und des Mailänders Brusa, das für 140 Personen reichte. Das Goldservice, das einst Königin Marie Antoinette von Frankreich als Brautgeschenk erhalten hatte, führte Kaiser Napoleon im Feldlager mit sich und es kam nach dessen Gefangennahme nach Österreich. Dieses Goldservice reichte ursprünglich nur für achtzig Gäste und das Obersthofmeisteramt geriet dann in Verlegenheit, wenn unbedingt einige Gedecke mehr erforderlich waren. Man behalf sich in einem solchen Falle, indem der Salat auf Alt-Wiener Porzellan serviert wurde. Um diesem Übelstand abzuhelfen, wurden später hundert Goldteller in

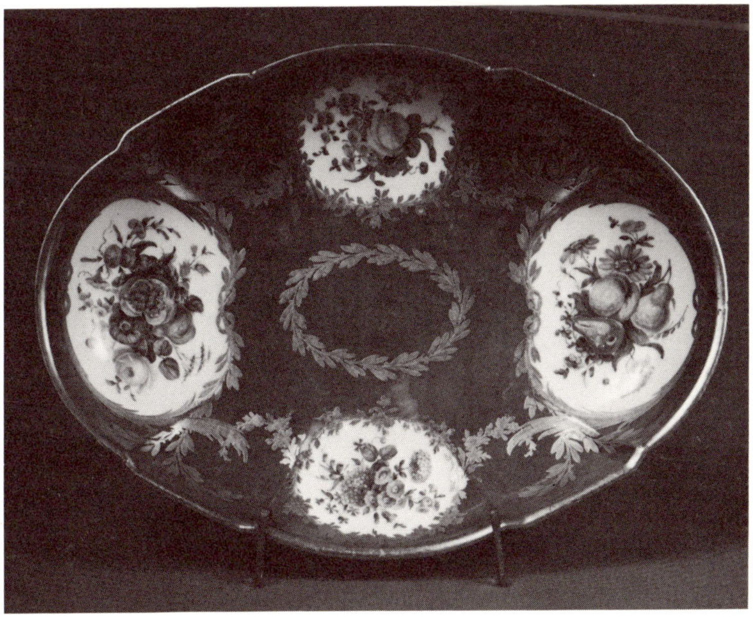

Porzellangeschirr aus der Hoftafel- und Silberkammer: Schüsseln, Schokolade-Tassen, Panoramateller, Salzfässer

Bier-, Wasser-, Sekt-, Likör- und Rotwein-Glas

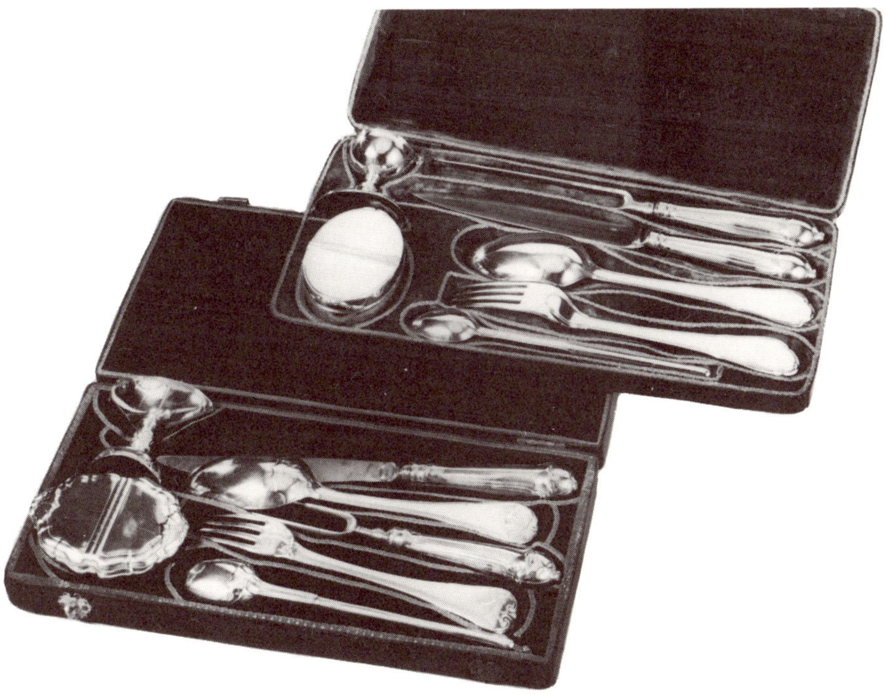

Oben und unten: Besteck der Kaiserin Elisabeth: Spieß- und Spargelzange – Schaufel, Sieb, Tortenschaufel – Milchkanne, Teekanne – Zuckerschälchen, Tasse, Kännchen (Silber, innen vergoldet). Reisebestecke der Kaiserin Maria Theresia und des Kaisers Franz II. (I.)

Pastetenform für Krammetsvögel

Großer Wasserkrug

Kupferne Kasserole

derselben Größe und Fasson wie die vorhandenen angeschafft. Ein solcher Teller wiegt genau ein Kilogramm und kostete 2200 Kronen, also beinahe 100.000 Schilling.

Die englische Königin Victoria schenkte Kaiser Franz Joseph ein Neu-Renaissance-Service. Das herrlichste Prunkstück aber war und ist heute noch der Mailänder Tafelaufsatz aus vergoldeter Bronze aus dem Jahre 1800: dreißig Meter lang, bestückt mit Vasen, Blumenkörben, Kristallglas, Armleuchtern und Bronzestatuetten.

Als am 7. Mai 1908 sämtliche regierenden deutschen Fürsten, an ihrer Spitze Kaiser Wilhelm II. und Kaiserin Auguste Viktoria, bei Kaiser Franz Joseph erschienen, um ihm zu seinem 60jährigen Regierungsjubiläum ihre Glückwünsche darzubringen, fand in der großen Galerie des Schlosses Schönbrunn eine Galatafel für einhundert Personen statt, gedeckt mit dem kostbaren Goldservice und dem vorerwähnten Mailänder Tafelaufsatz, geschmückt mit den exotischen Gewächsen der kaiserlichen Glashäuser.

Das Geschirr aus Silber und Porzellan mit dem Doppeladler und goldenen Rändern war für die allerhöchsten Mitglieder des Kaiserhauses bestimmt, jenes mit dem Doppeladler allein für die Suiten. Ebenso sind die geätzten und kunstvoll geschliffenen Flaschen und Gläser mit dem Doppeladler verziert.

Vor so viel Glanz mußte natürlich das „gewöhnliche" Geschirr verblassen, aber es war ebenso wichtig, ja unentbehrlich: Suppenschüsseln, Saucieren, Senfbecher, Aufsätze für Essig und Öl, Gewürzaufsätze, Salzschälchen, Weinkühler, Präsentierteller, Kasserollen, Schüsseln, Speiseteller, Vogelspieße, Bestecke, Kaffeekannen und so weiter ... Mit all diesem Geschirr konnten bis zu viertausend Personen verköstigt werden.

Die Geschirrkammer hatte die Kupfer-, Nickel- und Zinngeschirre in Verwahrung. Überall waren vom Boden bis zur Decke reichende Gestelle angebracht, auf denen der Größe nach die verschiedenen Töpfe, Pfannen, Bottiche und Kasserollen geordnet waren. Da sah man riesige Suppentöpfe, meterlange Bratpfannen mit Spießvorrichtung und die neuesten Konstruktionen an Dampf- und Kochtöpfen. Bei größeren Diners wurde solches Geschirr zusätzlich ge-

Tafelaufsatz aus dem Laxenburger Service

Tischaufsätze im Empire-Stil

braucht, wobei wieder ein „Rezepiss“ notwendig war, um es ausgefolgt zu bekommen.

Außerdem gab es ein Geschirrmagazin für Manöverausrüstungen: feststehende und transportable Küchenherde, Riesenkochkessel (später als „Gulaschkanonen“ bekannt), Kupfergeschirr, einfaches Geschirr und alles andere, was so täglich im Manövergelände für die Verköstigung von 400 bis 600 Personen nötig war.

In einem Raum nahe der Küche waren in drei Galerien, genau nach Größe geordnet, die Kupfergeschirre aufgestellt, 600 an der Zahl, und ebensoviele kleinere befanden sich in der Hauptküche, in deren Mittelraum sechs große Anrichtetische aus weißem Buchenholz mit Schubladen und Auflagebrettern standen.

In einer anderen Geschirrkammer war das Porzellangeschirr aufbewahrt: kostbare Meißner- und chinesische Service in hunderten Mustern, im Stile der Renaissance oder in Altdeutsch, Schüsseln, Saucieren, große und kleine Terrinen, Dessert-, Kompott-, Suppen-, Braten- und Mehlspeisteller.

Jedes Stück war in einem genauen Inventar-Verzeichnis erfaßt. An Hand dieses Verzeichnisses konnte sofort das erforderliche Service für die gewünschte Personenanzahl und die Anzahl der Speisefolgen bestimmt werden.

In den Inventarlisten der Geschirrkammer findet man heute noch die Service-Zusammenstellungen, gegliedert nach Personenanzahl und nach Materialart. Hiezu einige Beispiele:

7. 56 Silbergebrauchsgegenstände, kunstgewerbl. Typen und kulturhistorische Belege:

2 Fischschüssel — a) Fr. Würth 1827, b) A. Klinkosch 1844, Wien
2 ovale Schüssel A — a) Cachére, Paris 1772, b) F.W. Wien 1827
2 " Schüssel B — I. H. XIX. Jhdt. Mailand
1 " Schüssel D — Wien 1835
1 runde Schüssel A — Wien I. H. XIX. Jhdt.

3 runde Schüssel B gr. — Mailand, versch. Zeichen
2 " Schüssel B kl. — Wien, 1819 u. 1827
2 " Schüssel C — Mailand I. H XIX. Jhdt.
1 Schüsselreif A — Wien U. K. 1840
1 Schüsselreif B — Wien U. K. 1840
1 Teller A — Zeichen Posthorn I. H. XIX. Jhdt.
2 Speiseteller — Mailand I. H XIX. Jhdt.
2 Serviertassen B — Mailand I. H. XIX. Jhdt.
1 Suppentopf B — Wien M XIX. Jhdt. Deckel neu.
2 Champagnerkübel — Wien 1845 u. 1859
1 Samovar — Wien 1858
4 Kaffeekannen, A, B, C, D. — Wien 1851
3 Milchkannen, A, B, C, — Wien 1848
4 Chokoladekannen — Wien u. Mailand 1780–1827
1 Spielleuchter — Fr. W. Wien 1827
1 Punschlöffel — franz. Louis Philipp
1 Topflöffel — Pressburg u. Mailand m. Zeichen
1 Ragoutlöffel — " " " " "
1 Vorleglöffel — Mailand mit Zeichen

8. Silber für 12 Personen in 2 Kassetten (Kaiserin Elisabeth):

2 Kasseroll mit Deckel A
2 Kasseroll " Deckel B
4 Untertassen
12 Speiselöffel
12 Speisegabel
12 Speisemesser
12 Dessertlöffel
12 Dessertgabel
12 Dessertsilberklingen
12 Dessertstahlklingen
12 Kaffeelöffel
1 Topflöffel
2 Ragoutlöffel
1 Zuckerlöffel
2 Salzlöffel
2 Salzfässer
2 Serviertassen A
2 Präsentierteller
1 Tischglocke
24 Tafelleuchter
1 Oberschöpfer
2 Kaffeekannen B
3 Milchkannen B
1 Chokoladekanne
2 Teeseiher
2 Zuckerzangen
1 Zuckerglasschale m. Silberdeckel u. Tasse
2 Zuckerschalen, Silber

9.) 1 Kassette № 16 mit kleiner Lederkassette, Mundzeug der Kaiserin Elisab[eth]

1 ovale Schüssel
7 Speiseteller
1 Suppenteller, Porzellan
1 Butterglocke, Glas montiert
1 Trinkglas mit Silberdeckel u. Tasse
1 ovale Saucier mit Deckel
1 " Saucier-Untertasse
2 viereckige Kasseroll mit Deckel
1 Eierbecher
1 Salzfass
1 Glasteller
2 Speisemesser
2 " Gabel
2 " Löffel
1 Vorleg "
1 Topf "
1 Eier "
1 Salz "

Die Hof-Wäschekammer

Die Hof-Wäschekammer befand sich im Erdgeschoß des Reichskanzlei-Traktes. Dort lag das Tafelgedeck bereit. Da gab es noch damastene Tischtafeltücher aus der Zeit der Kaiserin Maria Theresia mit eingewebter Krone und breiter Ajour-Bordüre, sechs Meter lange Tischläufer in Holbeintechnik (Strichstich, wie die Gemälde Holbeins diese Technik genau wiedergeben), Madeiraspitzen oder altdeutsche Stickerei, solche mit passenden Sinnsprüchen verziert, herrliche Gebildwebereien in Jaquard- und Leinendamast mit eingewebtem Silbermonogramm, Servietten aus Leinenatlas, der Rand mit allegorischen Figuren durchstickt.

Unter Kaiser Franz Joseph wurden Servietten und Tischtücher aus Damast mit eingewebtem Kaiserwappen und seinem Leitspruch „Viribus unitis" („Mit vereinten Kräften") angeschafft. Die Servietten wurden nach der Tradition der kaiserlichen Hoftafel „gebrochen". Diese Art des Serviettenbrechens wurde mündlich überliefert. Sie findet auch heute noch bei großen Staatsbanketten Anwendung.

Sechzehn Hofwäscheverwalterinnen verwahrten so an die 65.000 Wäschestücke, darunter allein 31.700 Stück Tafelzeug.

Die Hofwäschekammer mit Hofwäschebewahrerinnen

Beamten-Menage und „Schmauswaberl"

Die Hofküche mußte auch für die Verpflegung der Beamten und des Dienstpersonals sorgen. Hiefür gab es eine eigene Hof-Menageküche im Amalientrakt, die ebenfalls von Hofköchen geleitet wurde. Auch in Budapest, Gödöllö, Ischl und auf allen Manöverreisen kochte eine besondere Menageküche für das Personal.

So wie der Rang jeder Person bei Hof für seine Stellung und Qualifizierung ausschlaggebend war, so waren auch bei der Dienerschaft Abstufungen in der Speisenfolge vorgesehen. Für die fremden und ersten Kammertische (Kammerpersonal) sowie für die Hausoffiziere bestand die Tagesverpflegung aus:

Frühstück: Kaffee oder Tee, eventuell kaltes Fleisch, Butter.
Mittagessen: Suppe, Vorspeise oder Fisch, Fleischspeise mit Gemüse, Braten, Salat oder Kompott, Mehlspeise.
Abendessen: Suppe oder Vorspeise, Fleischspeise mit Gemüse, Mehlspeise, Käse.
Dazu wurde stets Bier und Wein gereicht.

So wie die hohen Herrschaften mußten auch die Diener die Fasttage strikt einhalten.

Für das Hofküchenpersonal wurde ein einfacher Mittagstisch gerichtet. Die Zusammenstellung der Menus oblag der Genehmigung des Obersthofmeisters, dann des Oberstküchenmeisters und schließlich des Hofwirtschaftsamtes.

Die Reste, Überbleibseln, der Hofküche wurden zu einem niedrigen Preis an das Studentenlokal „Zum Schmauswaberl" in Wien I., Vordere Bäckerstraße (Bäckerstraße Nr. 16), abgegeben. Da diese „Hofspeisen" sehr begehrt waren, herrschte dort stets ein reger Betrieb und viel Gedränge.

Die erste „Schmauswaberl" war die ehemalige Herrschaftsköchin Barbara Roman, die nach dem Tode ihres Gatten, eines Leibhusaren der Hofburg, ein Gastlokal am Spittelberg (heute Wien 7., Neustiftgasse 13) eröffnete und die von der Hoftafel übriggebliebenen Speisen in ihre Küche brachte. In den seinerzeit berühmten „Eipeldauerbriefen" liest man voll Lob: „Da erzählns, daß jetzt aus den Hofkucheln Fasanen und Kapaunen als gebratener und gerupfter davong'flogen und die Hasen als a g'spickter davong'laufen, die Fisch aber bratener und bachener davong'schwumma san, und wo glaubens wohl, wo man das ganze herrliche Zeug beieinander finden tat? Nur bei der Schmauswaberl am Spittelberg!"

In früheren Jahren waren tonnenartige Behälter neben dem Eingang zur Zuckerbäckerstiege aufgestellt, wo die Bettler mit Küchenresten ihren Hunger stillen konnten. Zur Zeit Franz Josephs hatte Kaiserin Elisabeth angeordnet, daß alles, was von der Hoftafel übrig bleibt, in die Spitäler geschickt werde.

Der Große Rat der Hofköche

So wie jede Hausfrau mußten sich auch die Hofköche tagtäglich mit der Frage den Kopf zerbrechen: „Was koche ich morgen?" und „Wird es Seiner Majestät genehm sein?"

Es mutete daher wie ein feierliches Konzilium an, wenn man die mit schwarzen Anzügen und mit den hohen Dienstkappen bekleideten Küchenräte im Sitzungszimmer sah, wie sie dort das Menu berieten, die Ankäufe bestimmten und den Verbrauch verbuchten. Bei größeren Diners beriet der Oberstküchenmeister mit seinen Chefköchen und dem Zeremonienmeister die Speisenfolge. Neben diesem besonderen Beratungszimmer befand sich eine Speisekammer mit Etageren, angefüllt mit Konfitüren, Gemüsen, Extrakten aus aller Welt, auch die Suppenwürzen waren hier vertreten.

Nach der Beratung schrieb der jeweilige Küchenchef den Menuvorschlag für den nächsten Tag in französischer Sprache auf eigene Menu-Zettel aus weißem, lackiertem Papier, auf welchem in der oberen Ecke der kaiserliche Adler im Relief geprägt war. Von jedem Gang waren zwei Arten zur Wahl angeführt. Auf dem Menu-Entwurf waren die Speisebezeichnungen (Gänge) bereits vorgedruckt und nur die speziellen Speisen wurden mit Tinte dazugeschrieben. Diese Entwürfe wurden täglich in einem Buch nebst einem dicken Rotstift dem Kaiser zur Durchsicht vorgelegt, und er strich fast regelmäßig einige Gänge mit diesem Rotstift durch. In die obere

Hofküche-Dienstzimmer der Chefköche (Weber und Skoda)

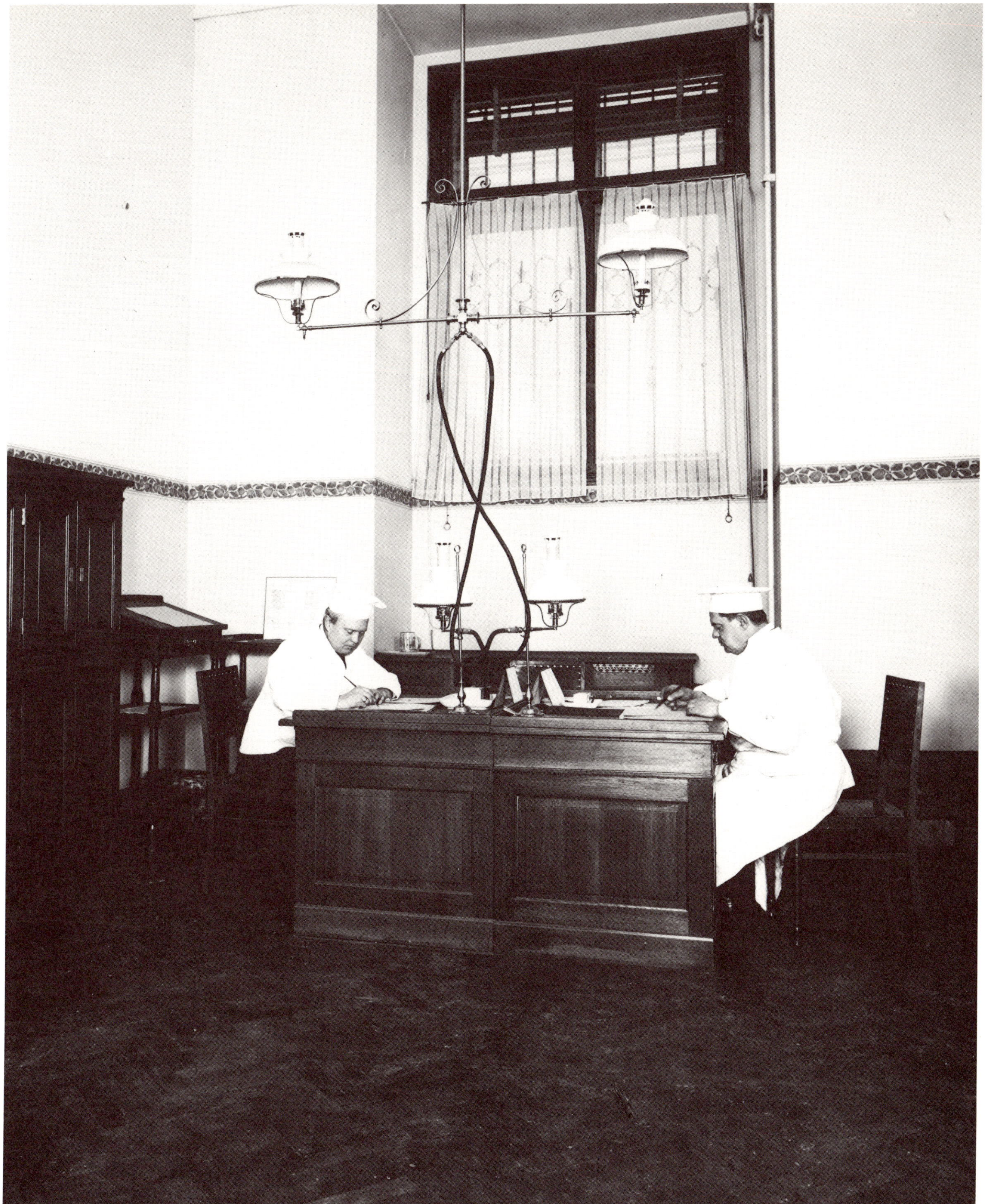

rechte Ecke setzte er dann die Speisestunde, die Personenanzahl und den Speiseraum ein. Wenn der Kaiser allein zu speisen gedachte, so wählte er meistens die einfacheren, bürgerlichen Gerichte. In früherer Zeit liebte er besonders das „Geselchte“, später die gut zubereiteten, einfachen Rindfleisch-Speisen.

Bei der Beratung wurde auch die Sitzordnung an der Hoftafel festgelegt, was oft viel Kopfzerbrechen verursachte, denn der Rang, das Adelsprädikat, die Ahnenreihe und schließlich, wer zu welchem Tischnachbarn paßte, war ausschlaggebend und oft ein heikles Problem. Hier entschied dann das Hofzeremonienamt, an der Spitze der Obersthofmeister Fürst Montenuovo, der scharfe Verfechter des noch weitgehend gültigen spanischen Hofzeremoniells.

Die Führ-Listen

Handelte es sich nicht um ein Familiendiner, so ergingen die Einladungen zur Allerhöchsten Hoftafel mittels Vordrucken.

Es gab besondere „Führlisten“ zu den Diners – wer führt wen zu Tisch – und am Tisch lagen Dinerkarten auf, wo handschriftlich vermerkt war, daß der Hofkoch Rußwurm die Suppe hergestellt hat oder daß für die „Medaillons de Dick à l’Astrachan“, für „Homard à l’Elysée“ und für den Käse der Hofkoch Soukup verantwortlich zeichnet. Die hier reproduzierte Führliste und Sitzliste zum Diner am 24. Oktober 1913 anläß-

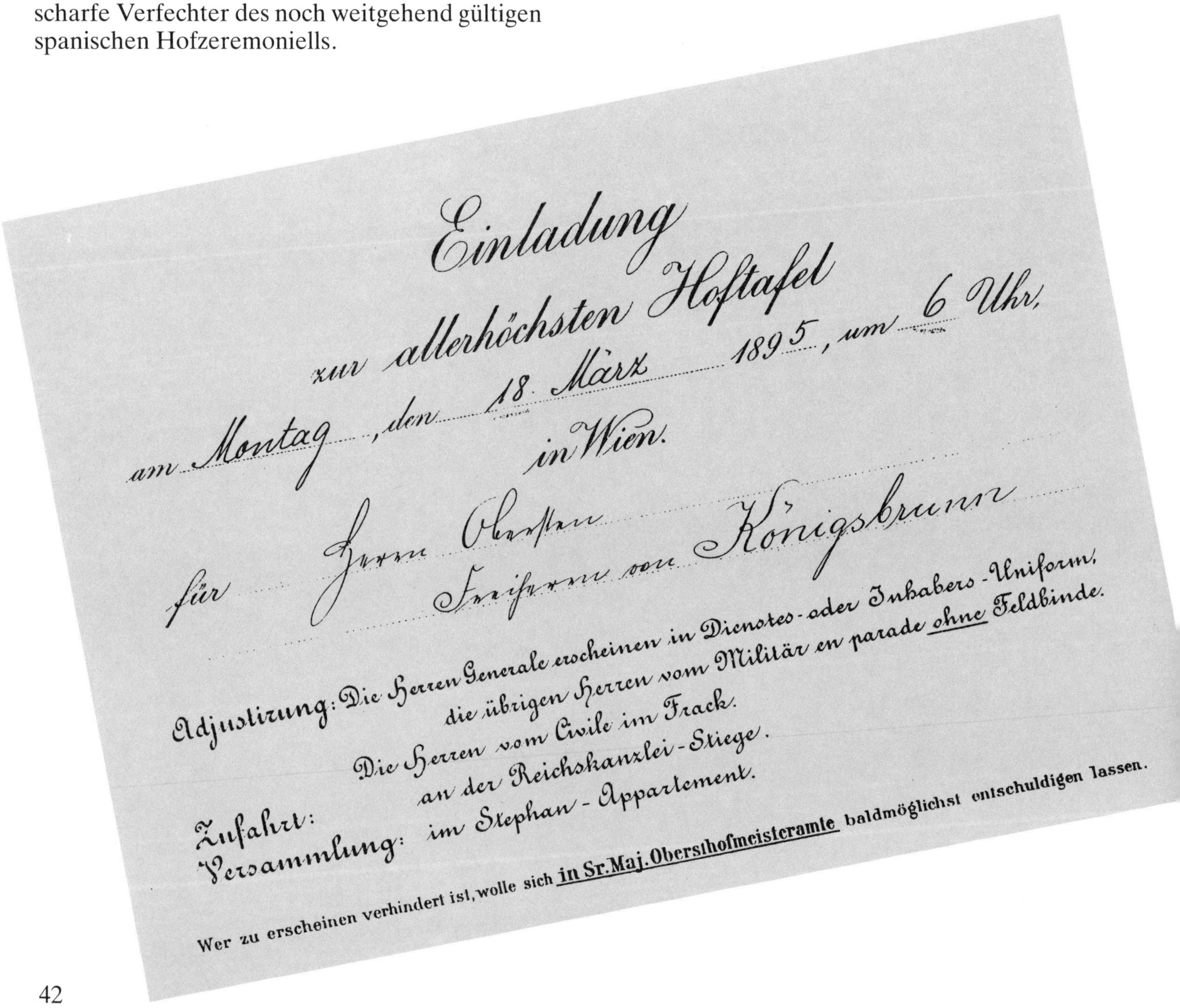
Einladung
zur allerhöchsten Hoftafel
am Montag, den 18. März 1895, um 6 Uhr,
in Wien.
für Herrn Obersten Freiherrn von Königsbrunn
Adjustirung: Die Herren Generale erscheinen in Dienstes- oder Inhabers-Uniform, die übrigen Herren vom Militär en parade ohne Feldbinde. Die Herren vom Civile im Frack.
Zufahrt: an der Reichskanzlei-Stiege.
Versammlung: im Stephan-Appartement.
Wer zu erscheinen verhindert ist, wolle sich in Sr. Maj. Obersthofmeisteramte baldmöglichst entschuldigen lassen.

Sitzliste

zum

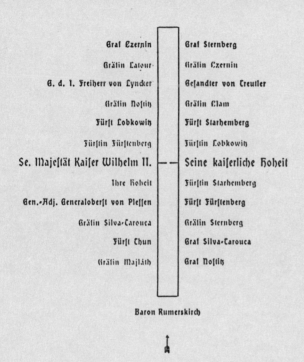

Dîner am 24. Oktober 1913.

ooo

Graf Czernin	Graf Sternberg
Gräfin Latour	Gräfin Czernin
G. d. I. Freiherr von Lyncker	Gesandter von Treutler
Gräfin Nostitz	Gräfin Clam
Fürst Lobkowitz	Fürst Starhemberg
Fürstin Fürstenberg	Fürstin Lobkowitz
Se. Majestät Kaiser Wilhelm II.	Seine kaiserliche Hoheit
Ihre Hoheit	Fürstin Starhemberg
Gen.-Adj. Generaloberst von Plessen	Fürst Fürstenberg
Gräfin Silva-Tarouca	Gräfin Sternberg
Fürst Thun	Graf Silva-Tarouca
Gräfin Majláth	Graf Nostitz

Baron Rumerskirch

Führ-Liste.

Seine Majestät Kaiser Wilhelm II.
Herzogin von Hohenberg

Seine kaiserliche Hoheit
Fürstin Lobkowitz

Fürst Lobkowitz
Fürstin Fürstenberg

Fürst Fürstenberg
Fürstin Starhemberg

Fürst Starhemberg
Gräfin Clam

Fürst Thun
Gräfin Majláth

Generaladjutant Generaloberst von Plessen
Gräfin Silva-Tarouca

G. d. I. Freiherr von Lyncker
Gräfin Nostitz

Gesandter von Treutler
Gräfin Czernin

Graf Silva-Tarouca
Gräfin Sternberg

Graf Nostitz
Gräfin Latour

lich des Besuches des deutschen Kaisers Wilhelm II. beim Thronfolger Erzherzog Franz Ferdinand auf Schloß Konopischt zeigt die Einteilung der Herren, welche die zugeteilten Damen zu Tisch zu führen haben und sodann laut der Sitzliste ihre Plätze einnehmen. Außerdem hatte der Gast noch eine persönliche Sitzkarte, auf der sein Tischnachbar angegeben war.

So wie die „Sitzordnung" der 25 bis 30 Personen bei der Allerhöchsten Hoftafel sich nach dem Rang bestimmte, den der Betreffende bei Hof einnahm, so gab es auch eine „Stehordnung" bei einem Empfang des Kaisers.

Herr Oberst List

wird ersucht Sich bei der Tafel
zur Linken
S. E. des Herrn Hof- u. Burgpfarrers Bischof Dr. Mayer
zu setzen.

Um den Beginn der Mahlzeit anzuzeigen, wurde in früheren Zeiten bei den deutschen Fürstenhöfen zum Diner „geblasen“ (nach der altfranzösischen Sitte des „Corner le diner“), wozu ein eigener „Hoftrompeter“ angestellt war.

Als Kaiser Franz II. seine erste Gemahlin – er brachte es auf vier an der Zahl – Herzogin Elisabeth von Württemberg am 6. Jänner 1788 in der Hofkirche heiratete, kam nach dem Hofball ein Lakai mit einem Transparent auf einer langen Stange mit der Aufschrift „Die Speisen sind aufgetragen“, mit welchem er durch alle Säle des Redoutentraktes schritt, bis die Gäste an den Tafeln Platz genommen hatten.

Unter Kaiser Franz Joseph gab es solche Signale nicht mehr; der Oberstküchenmeister holte den Kaiser aus seinen Appartements ab, wenn alle Gäste bereits versammelt waren. Im Speisesaal gab dann der Monarch dem Ersten Hof-Tafelinspektor einen Wink und die Tafeldecker begannen zu servieren. Sie waren in Gruppen zu vier Mann eingeteilt und diese hatten je vier Gäste zu bedienen. Der Servierlakai bot die Schüsseln und Platten an, der Weinlakai die Getränke, der Saucenmann reichte den Servierlakaien die Schüsseln und gab die Saucen und das Gemüse aus. Der vierte Lakai wechselte die Teller. Das Servierpersonal mußte unter der Aufsicht des Tafelinspektors präzise und lautlos arbeiten. Der Kaiser selbst ließ sich von seinem Leibjäger oder vom diensthabenden Leibkammerdiener bedienen.

Leibbüchsenspanner F. Spannbauer richtet das Déjeuner für den Kaiser.

GALADINER: AUFTRAGENDE LAKAIEN.

Die Hoftafel im Speisesaal der Kaiserappartements im Reichskanzleitrakt der Hofburg

Die Hoftafeln, die Galadiners und die Marschalltafeln fanden in den Alexanderappartements (im Amalientrakt der Hofburg), den Zeremonien- (im Leopoldinischen Trakt) und den Redoutensälen statt.

Beim Hofdiner gab es eine allgemein gültige Speisenfolge. Zumeist waren zehn bis zwölf Gänge vorgesehen, wobei der Tafelspitz (Rindfleisch vom hinteren Schlegel), die Liebslingsspeise Kaiser Franz Josephs, nie fehlen durfte. Die Folge umfaßte in der Regel: Suppe (dazu Chablis, ein französischer Wein, Vorspeise (Hors d'oeuvre) wie Aal, Sardinen etc. mit pikanter Beilage (dazu Rheinwein), Fisch (dazu Bordeaux-Wein), Boeuf (gebratenes Rindfleisch), Entrées (Eierspeise, Hirnroulade etc.), Braten mit Salat, feinem Gemüse, Kompott (hiezu Sherry oder Madeira), Mehlspeise (hiezu Tokayer oder Lacrimae Christi), Käse, Eis, Dessert, schwarzer Kaffee und Likör.

Die Galatafel war für höchstens 25 Personen bestimmt. Dreizehn Gäste durfte es jedenfalls nicht geben, da man auch bei Hof abergläubisch war. Dem Kaiser gegenüber saß der Oberstküchenmeister, rechts von ihm der Generaladjutant Graf Paar, links der Flügeladjutant vom Tage. Rechts und links vom Kaiser saßen die Rangältesten, dann die anderen Gäste in der Reihenfolge ihres Ranges. Für kleinere Diners schrieb der Kaiser selbst die Tischordnung. Als

Das Krönungsessen in der Hofburg zu Budapest. Kaiser Karl und Kaiserin Zita (30. Dezember 1916)

Erzherzogin Elisabeth Franziska, die älteste Tochter der Erzherzogin Marie Valerie, also die Enkelin des Kaisers, ihre Verlobung im Garten der Ischler Kaiservilla feierte, bestimmte Franz Joseph die folgende Placierung:

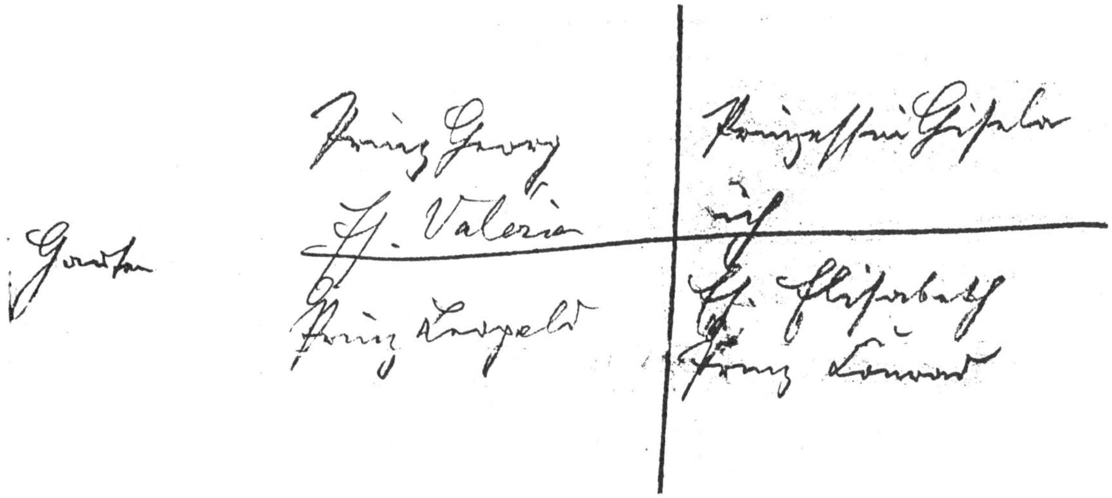

Nur in Ischl an der runden Tafel wurde über den Tisch gesprochen, wie überhaupt dort viel weniger Zeremoniell herrschte und der Kaiser oftmals den Gästen schon beim Eingang entgegenkam. Anderswo waren nur Längstische üblich und da sprach der Kaiser lediglich mit seinen unmittelbaren und daher ranghöchsten Tischnachbarn, jedoch stets nur im Flüsterton.

„Der beste Bissen bekommt Flügel ...“

Bei der Hoftafel wurde zumeist recht rasch gegessen. Zwölf Gänge mußten in einer knappen Stunde konsumiert werden – wenn man überhaupt dazukam. So mancher Gast ging am Schluß der Tafel so hungrig weg, wie er gekommen war.

Ein ungarischer Diplomat schildert sein Hoftafel-Erlebnis in einer nicht gerade schmeichelhaften Weise:

„Die Speisen werden schnell auf- und abgetragen, man kann den Wein nicht genießen, der beste Bissen bekommt Flügel, sowie man nur einen Augenblick wegschaut oder mit dem Nachbar spricht. Die Weine

Familien-Diner in der Ischler Kaiservilla. Rechts: Kaiser Franz Joseph mit seinen Töchtern Gisela und Marie Valerie. Links: Kaiserin Elisabeth und ihre Schwiegersöhne Prinz Leopold von Bayern und Erzherzog Franz Salvator

sind allerdings die ausgesuchtesten: der granatrote Waag-Neustädter Wein schmeckt besser als Burgunder, der Johannisberger kommt vom Rhein, der Tokayer aus den kaiserlichen Hegyaljaer Weinbergen. Beim Champagner kann man wählen zwischen Moet-Chanton, obstgrünem Chablis (ein Feuernebel) oder dem blonden Château Yquem (feurig). Auch beim Trinken muß man sich beeilen. Man konnte beobachten, wie der Ministerpräsident Wekerle auch die Gläser des neben ihm sitzenden kroatischen Ministers Josipovich leerte, der keinen Wein trank. Die Hoflakaien sagen: ‚In Wien essen die Herren mehr, in Pest (Budapest) trinken sie mehr.' Dann kommt in Porzellanschalen der Mokka, den der Sultan schickt. Davon gelangt keine Bohne in den Handel, höchstens befreundete Fürsten erhalten etwas davon geschenkt. Hierauf der Kognak. Gleich darnach geben die Lakaien in ihren gestickten Fracks die unter dem Tisch liegenden Hüte den Gästen in die Hand. Der Kaiser schaut, ob jeder seinen Hut übernommen hat, erhebt sich und alle, wie eine Vogelschar, erheben sich auch und begeben sich in den anstoßenden Salon zum Cercle mit Zigarren."

Galadiner im großen Redoutensaal der Hofburg am 4. Oktober 1888. Der Toast Kaiser Franz Josephs an Kaiser Wilhelm: „Unsere preußischen und deutschen Kameraden leben hoch!"

Ein Meer von Blumen

Für die phantastischen Dekorationen mit Blüten und Pflanzen sorgten die kaiserlichen Gärten in Schönbrunn, in der Burg, im Schloß Belvedere und im Schloß Augarten, wo es überall große Gewächshäuser gab. Der kostbarste Tafelschmuck waren die vielen Orchideen in unzähligen Farben und Formen – eine Spezialwissenschaft der Hofgartenverwaltung in Schönbrunn.

Als der Gärtner Anton Umlauft im Jahre 1889 zum Hofgartendirektor ernannt wurde, besaß Schönbrunn sechzig Orchideenstöcke. Im Jahre 1900 waren es bereits 25.000 in 1500 Arten. Diese unschätzbar wertvolle Orchideensammlung war damals die größte in Europa.

Tafelaufsatz mit Blumendekor auf der Hoftafel

Bei den Hoffesten wurden natürlich viel mehr Arten und Mengen von Blumen gebraucht. Als im Jänner 1901 die Tochter des Kronprinzen Rudolf, Erzherzogin Elisabeth, verehelichte Fürstin Windisch-Graetz, eine Soirée dansante gab und außerdem der „Ball bei Hof" und der „Hofball" stattfanden, erforderten diese Veranstaltungen einen Aufwand von 819 Blumenvasen, 137 Tafelaufsätzen und 1506 Bukettchen für den Kotillon-Tanz, das waren insgesamt 105.368 Einzelblüten!

Bei dem zu Ehren des deutschen Kronprinzen Friedrich Wilhelm im April 1901 veranstalteten Galadiner war vor dem Fauteuil des Kaisers und seines Gastes ein wahres Blumenbeet aufgebaut, dessen Mitte wunderbare Orchideen einnahmen – blendend helle Coelogynen wetteiferten mit rosafarbigen Cattleyen, dazwischen Farnwedeln und die feinen Zweige des Asparagus Sprengeri. 10.000 Orchideen und andere Blumenstöcke gaben ihr Schönstes her. Auch die Prunkhalle der Hofbibliothek (heute Nationalbibliothek am Josefsplatz) war diesmal, was noch nie vorgekommen war, in die Festlichkeit einbezogen und mit Orangenbäumen und Palmen in Kübeln dekoriert worden. Dabei wog so ein Palmenkübel über 15 Zentner. Allerdings: die Goldorangen waren mit dünnem Draht im Laub aufgebunden, aber das wußte nur der Eingeweihte. Auf der Hoftafel gab es 23 große Blumenaufsätze, 30 Vasen und 4 Jardinieren. Im Zeremoniensaal dufteten Azaleen, im Neuen Saal standen schlanke Palmen. Im Redoutensaal, am Augustinergang, bei den Treppenaufgängen, überall leuchteten bunte Blumenarrangements und Blumengirlanden schlangen sich um die berühmten flämischen Wandteppiche und französischen Gobelins. Hiezu wurden Blumen und Pflanzen auch aus den Hofgärten von Prag, Innsbruck, Miramar, Hellbrunn (Salzburg) und Budapest angefordert.

Im Jahre 1900 lieferten sämtliche Hofgärten 350.000 Einzelblüten, 2500 Meter Girlanden, 14.000 Blütenpflanzen in Töpfen, 38.000 Dekorationspflanzen aus dem Kalthause, 12.000 Warmhauspflanzen und Palmen und eine Million Gruppenpflanzen. Dekorationen mit Kunstblumen wurden lediglich zwischen den Beleuchtungskörpern wegen der Hitzeentwicklung geduldet.

Die zwölf Apostel beim König von Jerusalem

Die grandiose Hoftafel war nicht immer für die hohen und höchsten Herrschaften gedeckt. Einmal im Jahr, zur Feier des Gründonnerstags, kochte die Hofküche auch für ganz Arme, für greise Männer und Frauen aus dem Volke. Denn an diesem Tage pflegte das Herrscherpaar tradi-

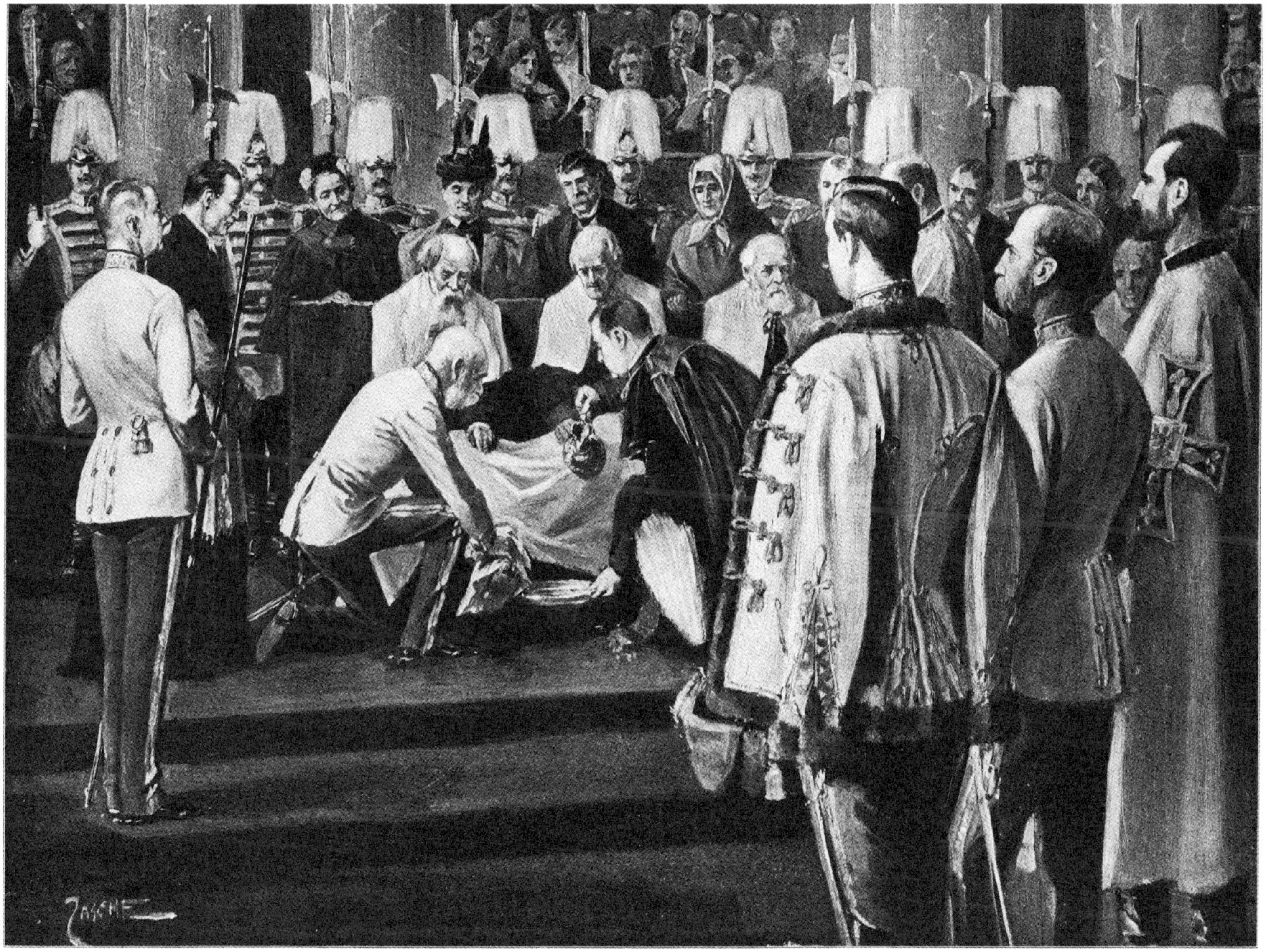

Kaiser Franz Joseph vollzieht die Zeremonie der Fußwaschung an den zwölf Greisen

tionsgemäß die religiöse Handlung der Fußwaschung an zwölf Greisen, den sogenannten „Aposteln", und an zwölf Greisinnen im Zeremoniensaal der Hofburg vorzunehmen.

Diese Zeremonie begann mit einer Schautafel, die aus vier historischen Speisefolgen, den sogenannten „Trachten", bestand. Die Erzherzoge nahmen aus den Händen der Truchsesse die Tragen mit den althergebrachten Schaugerichten und reichten sie dem Kaiser. Dieser wiederum übergab mit einer Kniebeuge jeden einzelnen Teller dem Greis, insgesamt waren es fünfzehn Teller. Gegessen wurde aber davon nichts.

Nach uralten Rezepten und Überlieferung hatten die Hofköche die Speisen auf braunen irdenen Tellern zubereitet, die trockenen Speisen lagen auf verschiedenfarbigem, ausgefranstem Papier.

Die Speisenfolge der „Trachten":

1. *Tracht: Milchsuppe mit Croutons, Mandelsuppe, schwarzer oder grüner Karpfen, warme Fischpastete, Apostelfisch, Spritzkrapfen.*
2. *Tracht: Kalte Fisch-Pastete, blauer Fisch mit Sauce remoulade, Bretzenhecht, Guglhupf mit einem Bukett in der Mitte.*
3. *Tracht: Apfelkompott, Schmalz-Torte mit färbigem, spanischem Wind (Schaum), gedünstete Zwetschken (Pflaumen), blauer Hecht.*
4. *Tracht: Rosmarinäpfel, Mandeln, Käse.*

Nach der Fußwaschung hing der Kaiser jedem Alten einen weißledernen Beutel um den Hals, worin sich dreißig Silberkronen befanden.

Zum Andenken bekamen die Greise das Pilgergewand, das für sie extra geschneidert worden war, den Fußwaschungskrug und das Besteck. In

zwei bemalten Holzwannen, wovon die eine rund geformt war, wurden alle Schüsseln mit den „Trachten" – und anderen Eßsachen verpackt. Ein Hofwagen mit einem Hoflakai brachte die solcherart Geehrten nach Hause.

Galadiners, Familiendiners, Seriendiners

Im Österreichischen Staatsarchiv findet man Aufzeichnungen über die Hofdiners aus den Jahren 1901 bis 1917 und da entdeckt man, daß sich vier Arten von Diners stets wiederholen:

1. Die Galadiners, die im Großen Redoutensaal, im Neuen Saal oder im Zeremoniensaal der Hofburg abgehalten wurden oder auch im Zeremoniensaal der Budapester Burg, wie am 23. September 1908 für den Fürsten von Bulgarien.

Bei den Galadiners oder bei Hoffesten, die vor allem bei Besuch fremder Potentaten oder Kirchenfürsten stattfanden, übernahm der Oberstküchenmeister persönlich die Oberaufsicht und die Leitung. Er führte den Vorsitz bei der beratenden Küchenkommission, welche die Menuvorschläge dem Kaiser zur Genehmigung vorzulegen hatte. Darnach traten sämtliche Chef- und Mundköche mit ihrem Unterpersonal in Aktion.

Bei diesen großen Diners wurde stets auf Gold gespeist, auf goldenen Schüsseln angerichtet und die Tafel mit den berühmten Mailänder Aufsätzen geschmückt.

2. Die Familiendiners in den Alexander-Ap-

Hoftafel in der Großen Galerie im Schloß Schönbrunn anläßlich der Hundertjahrfeier des Maria-Theresien-Ordens, 1857 (Gemälde von Fritz L'Allemand)

Hoftafel des Kaisers Franz Joseph in der Budapester Burg mit ungarischen Gästen

partements, Radetzky- oder Sophien-Appartements. Darunter fallen auch die Neujahrsdiners oder besondere Anlässe, wie die Goldene Hochzeit des Erzherzogs Rainer am 20. Februar 1902 oder das 60jährige Regierungsjubiläum Kaiser Franz Josephs am 2. Dezember 1908.

3. Besondere Diners für Delegationen oder Botschafter, aus Anlaß des Geburtstages eines Fürsten oder bei Verlobungen und an Namenstagen. Kaiser Karl wählte zum Geburtstagsfest Kaiser Wilhelms II. am 27. Jänner 1917 statt der Hofburg das Kaiserhaus in Baden bei Wien, und am 6. Juli 1917 gab er für ihn ein Diner im Blauen Hof des Laxenburger Schlosses.

4. Serien-(Militär-)Diners. Zu diesen wurden militärische oder zivile Gäste in die Stephans-Appartements (Reichskanzleitrakt der Hofburg) geladen, während im Marmorsaal der Neuen Burg die Diplomatendiners eingerichtet wurden.

Bei den Familien- und Serien-Diners wurde auf Silber serviert.

Alle Speisen wurden vom diensthabenden Chefkoch oder Kücheninspektor vorgekostet, damit nur erstklassige Gerichte zur Tafel gelangten.

Zu den Seriendiners wurde seit dem Jahre 1890 auch der Kommandant der Burghauptwache beigezogen. Die Burgwache war im Erdgeschoß des Leopoldinischen Traktes, gegenüber dem Arbeitszimmer des Kaisers, untergebracht, sodaß er die grandiose Wachablöse um 12 Uhr mittags genau verfolgen konnte.

Für die Offiziere und die Mannschaft der Burgwache stammten noch aus der Zeit der Kaiserin Maria Theresia einige Benefizien. Damals bekam die gesamte Burgwache ein reichliches Mittagsmahl, überdies wurde jedem Offizier eine Flasche Edelwein und jedem Mann eine „Halbe", ungefähr ein Viertel Liter, österreichischen oder ungarischen Landweins verabreicht. Aus Ersparnisgründen wurde unter Kaiser Franz Joseph jedoch nur noch ein Tafelgeld zuerkannt, dem Hauptmann zum Beispiel 3 Kronen 15 Heller, dem Subalternoffizier 2 Kronen 10 Heller. Außerdem bekam jeder Wachsoldat eine große Stearinkerze und gegen geringes Entgelt den gewünschten Wein aus dem Hofkeller.

Der Hofansager überbrachte dem Kommandanten der Burgwache die lithographierte Einladungskarte:

Einladung

zur Allerhöchsten Hoftafel
Donnerstag, den 2. März 1905,
um 6 Uhr, in Wien.

Für Herrn Kommandanten der Burghauptwache.

Adjustierung:	*Die Herren Generale erscheinen in Dienstes- oder Inhabers-Uniform, die übrigen Herren vom Militär en parade ohne Dienstabzeichen. Die Herren vom Zivile im Frack.*
Zufahrt:	*an der Reichskanzlei-Stiege.*
Versammlung:	*im Stephan-Appartement.*

Im Vorraum der Stephan-Appartements wurden die Militärs von einem Zeremonialbeamten empfangen, der den Gast über Zutritt und Sitzplatz informierte. Dann begann die Aufstellung der Offiziere dem Range nach. Der Generaladjutant erstattete die Meldung und mit dem Glokkenschlag „Sechs" gab der Zeremonialdirektor durch dreimaliges Aufschlagen mit dem Stabe das Zeichen, daß der Kaiser erscheine. Alle standen habtacht. Der Kaiser grüßte mit leichter Neigung des Kopfes und schritt in den Speisesaal, wo er in der Mitte der linken Längsseite der Tafel Platz nahm. Die Tafel hatte 24 Gedecke: für den Kaiser, den Generaladjutanten, zwanzig Gene-

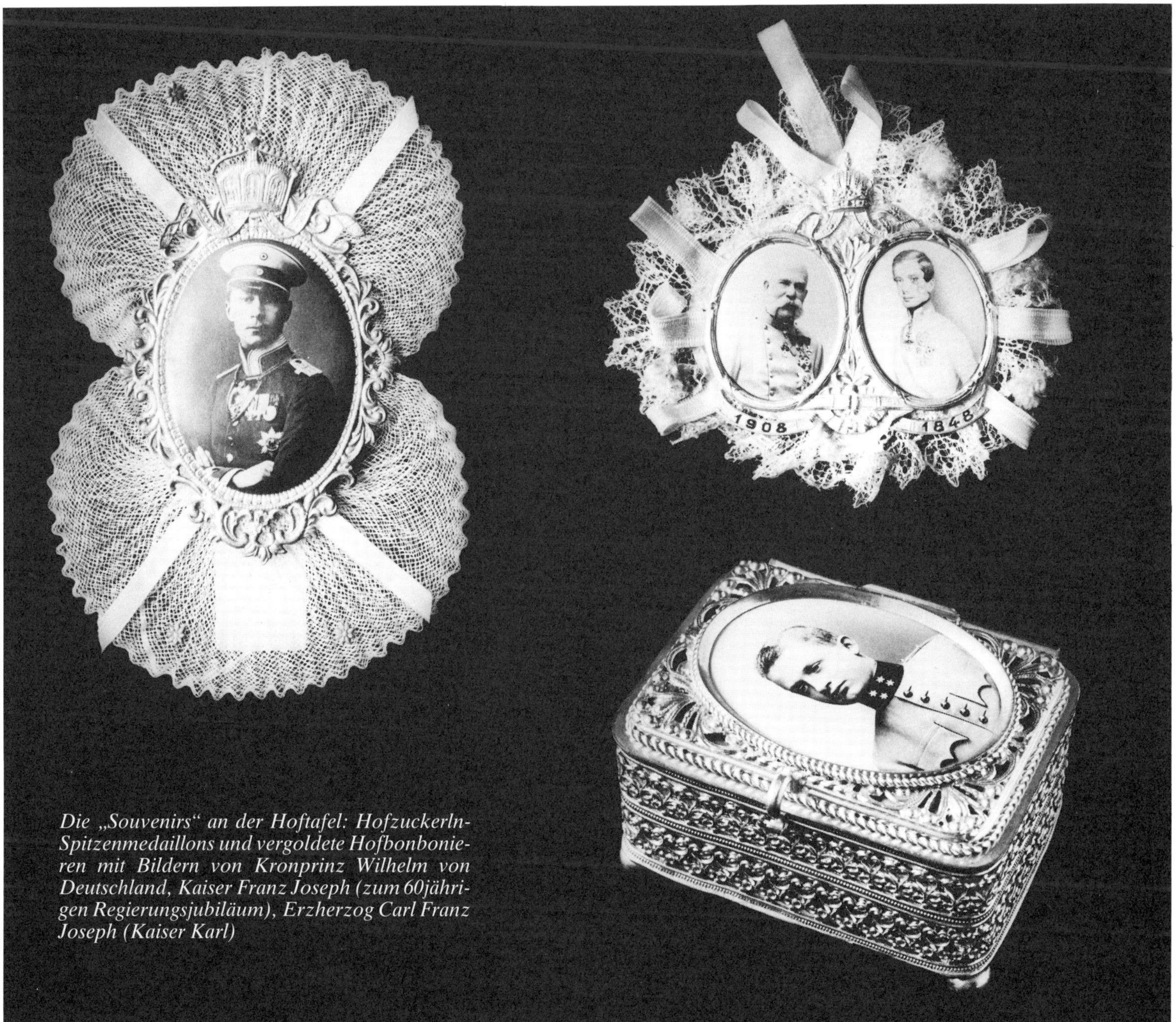

Die „Souvenirs" an der Hoftafel: Hofzuckerln-Spitzenmedaillons und vergoldete Hofbonbonieren mit Bildern von Kronprinz Wilhelm von Deutschland, Kaiser Franz Joseph (zum 60jährigen Regierungsjubiläum), Erzherzog Carl Franz Joseph (Kaiser Karl)

räle und Oberste, den Flügeladjutanten vom Tage und den Kommandanten der Burghauptwache. Die rangältesten Offiziere nahmen neben dem Kaiser Platz, der Generaladjutant gegenüber dem Kaiser, links von ihm der Flügeladjutant, rechts der Hauptmann der Burgwache. Für je zwei Gäste war ein Hoflakai bestimmt, der die Kopfbedeckungen der Herren abnahm, das Service wechselte und die Weine kredenzte. Für den Kaiser wurde allein seiner strengen Diät gemäß serviert. Die Gäste wurden mittels Servierplatten zu je sechs Personen bedient.

Bei diesen Diners wurde nicht so eilig serviert, wie man oft behauptet; es blieb genügend Zeit zum Essen. Die Unterhaltung war nur mit dem Nachbarn gestattet. Zum Abschluß wurden die kleinen Bonbonnieren mit den Porträtsbildchen überreicht.

Für die Speisezeit waren 40 bis 45 Minuten vorgesehen. Genau nach 43 Minuten hob der Kaiser die Tafel auf und begab sich in den vorderen Saal der Stephan-Appartements zum Cercle, wo sich rasch alle Teilnehmer dem Range nach postierten. Leutselig, in einem herzlichen Tone, unterhielt sich nun der Kaiser mit seinen Militärs. Nach Verabschiedung begab sich der Monarch in sein Arbeitszimmer.

Speisekarten zum Verspeisen

Das Aufschreiben der Speisenfolge und Auflegen an der Tafel begann zu Anfang des sechzehnten Jahrhunderts. Bei einem fürstlichen Gastmahl in Regensburg hatte der Herzog von Braunschweig neben seinem Teller einen Pergamentsstreifen liegen, auf dem ihm der Küchenmeister in seinem Auftrag die Speisen in der richtigen Reihenfolge aufgeschrieben hatte; so konnte sich der Herzog den Appetit für seine Leibspeisen erhalten. Den anderen Tischherren gefiel eine solche Aufschreibung so gut, daß die „Menukarte“ eine ständige Einrichtung bei der Tafel wurde. Die Speisekarte wurde dann durch einen findigen Koch sogar in eine „Verspeiskarte“ umgewandelt. Aus feiner, delikater Oblate hergestellt, mit Schrift aus Marzipan, Schokolade und Zucker, verkündete das Menu als letzten Gang sich selbst und die Speisekarte wurde als Nachtisch vergnügt aufgeknabbert. König Eduard von England war so entzückt von dieser Idee, daß er den genialen Erfinder in die Schloßküche von Windsor befahl, damit der königliche Küchenchef die neue Kunst erlerne.

Zur Zeit Kaiser Franz Josephs trugen die Menukarten der Hoftafel in erhabenem Druck das habsburgische Wappen. Wurde die Tafel in Gold gedeckt, war das Wappen in Farbe gehalten, bei Silbergedeck in Gold, bei einfacheren Tafeln nur in Weiß. Bei den Hoftafeln in Ungarn – Ofener Burg oder Schloß Gödöllö – wurde die Menukarte mit der ungarischen Krone in Golddruck und den Initialen des Königs von Ungarn aufgelegt.

Die Speisenfolge war stets in französischer Sprache abgefaßt. Neben dem betreffenden Speisengang war der dazu vorgesehene Wein in roten Lettern vermerkt.

Hofbonboniere mit dem Bildnis des russischen Zaren Nikolaus II.

Die große Festtafel

Über Einladung des Kaisers Franz Joseph kam am 12. November 1892 der älteste Sohn des russischen Zaren Alexander III., Großfürst-Thronfolger Nikolaj Alexandrowitsch, in Wien an. Der Kaiser hatte seinem Gast einen Separathofzug unter Führung des Hofrates Claudius Ritter von Klaudy bis an die italienische Grenze entgegen-

Am 19. September 1912 wurde die Hochzeit der Enkelin Franz Josephs, Erzherzogin Elisabeth (genannt Ella), mit Georg Graf von Waldburg-Zeil auf Schloß Wallsee gefeiert.

Menu

Julien-Suppe.
Ruster Ausbruch.
Forelle blau, Butter, Kartoffel.
Czernoseker Vorlauf, weiss.
Ofner Adlerberger, roth.
Filet de boeuf, garnirt.
Ofner Adlerberger, weiss.
Hühner-Ragout mit Krebse.
Vöslauer Goldek, roth.
Rehrücken mit Compot und Salat.
Champagner, Herzogmantel.
Eis. * Dessert.

Post-Hôtel Bodenbach, 29. August 1896.

DÉJEUNER DINATOIRE
du 19 Septembre 1912

Cadix Xeres Doré	Consommé de volaille en tasse
	Petites timbales à la Reynière
	Côtelettes d'agneau Villeroy
Château Latour 1881	Pain de foie gras à la Nemours
Graves Graves 1887	Selle de chevreuil rôtie
Moët et Chandon	Salade et Compôte
	Asperges en branches
	Pouding à la Trauttmansdorff
	Barquettes au chester
	Crême glacée aux fraises
Château Drariah	Fruits — Dessert.

Cognac; Schwedischer Punsch; Benediktiner.

THEYER & HARDTMUTH, WIEN.

Déjeuner dinatoire du 22 Novembre 1912.

Potage ragoût.
Feuilleline au jambon.
Longe de veau rôtie, légumes.
Faisan à la crême, pommes de terre, noques.
Beignets de riz aux abricots.
Dessert.

Diner du 21 Juin 1913.

Potage aux ravioles de volaille.
Scampi à la mayonnaise.
Pièce de bœuf garnie.
Fricandeau de veau braisé, légumes.
Côtelettes d'agneau à la Villeroy.
Asperges en branches.
Rein de chevreuil à la crême, salade, compote.
Bouillie au schmankerl.
Roulade aux cerises.
Pain à la Duchesse.
Dessert.

Menukarten mit handschriftlichen Vermerken des Kaisers Franz Joseph.

SITZ-LISTE

zum

GALA-DÎNER

am 27. August 1896.

Oberstofmeisterin Fürstin Galitzin
Erzherzog Eugen
Erzherzog Josef Ferdinand
Erzherzogin Isabella
Erzherzog Otto
Kronprzssin.-Witwe Erzhgin. Stephanie
Se. k. u. k. Apost. Majestät
I. M. die Kaiserin von Russland
I. M. die Kaiserin und Königin
Se. Maj. der Kaiser von Russland
Erzherzogin Maria Josefa
Erzherzog Ludwig Victor
Erzherzogin Auguste
Erzherzog Friedrich
Erzherzog Josef August
Gräfin Kapnist

Fürsterzbischof Cardinal Gruscha
Obersthofmstrin. Gräfin Goëss
Russ. Minister Graf Woronzow
Fürstin Pálffy-Zichy
Russ. Geh. Rath Dr. Hirsch
Gräfin Trauttmansdorff-Liechtenstein
Obersthofmstr. Fürst Montenuovo
Gräfin Benckendorff
Minister-Präs. Freiherr v. Bánffy
Gräfin Badeni-Skrzyńska
Russ. Botsch.-Rath Graf Benckendorff
Gräfin Kielmansegg-Lebedeff
Staatsrath Freiherr v. Braun
Gräfin Goluchowska-Murat
Oberstjägermstr. Graf Traun
Gräfin Apponyi-Seherr-Thoss
Russ. Mil.-Attaché, Oberst v. Woronin
Hofdame Gräfin Festetics
Präs. Dr. Stremayr
Frau v. Stolypine
FZM. Freiherr v. Schönfeld
Russ. Botsch.-Secr. v. Boulatzel
Garde-Capt., G. d. C. Graf Pálffy
Russ. Flüg.-Adj. Fürst Obolenski
Minister, FZM. Graf Welsersheimb
Russ. Kammerherr v. Kopytkine
General-Intend. Freih. v. Bezecny
Russ. Botschafts-Secr. v. Stolypine
Präs. Graf Friedr. Schönborn
Russ. Kammerjunker v. Mamontow
Minister Freiherr v. Gautsch
Oberstküchenmstr. Graf Wolkenstein

Rchskriegs-Mins G.d.C., Edl. v. Krieghammer
Russ. General-Adjutant v. Hesse
Feldzeugmeister Prinz Rudolf Lobkowitz
Russ. Botschafter Graf Kapnist
Erster Obersthofmeister Prinz Liechtenstein
Russ. Minister des Aeussern Fürst Lobanow
Minister Graf Goluchowski
Russ. General-Adjutant v. Richter
General-Adjutant G. d. C. Graf Paar

Oberlieut. v. Petko
Ordonn.-Offic. Hauptm. Erber
Major Cernokrak
Oberstlieut. Matic
Oberstlieut. Orthmayer
Oberst v. Kiwisch
Kam.-Vrst., Obrst. Frh. v. Leuzendorf
Kämm. Graf Carl Trauttmansdorff
Kämm. Fürst Pálffy
Dienstkämm. Fürst Franz Auersperg
Polizei-Präs. Ritter v. Stejskal
FML. Sommer
FML. Edler v. Beck
FML. Ritter v. Kropatschek
FML. Ritter v. Baccarcich
FML. Fabini
FML. Anton Ritter v. Pitreich
Minister v. Dániel
Minister, FML. Ritter v. Guttenberg
Minister Freiherr v. Jósika
Erster Stallmstr., GM. v. Berzeviczy
Minister Dr. Rittner
Sectionschef Graf Welsersheimb
Präs. Edler v. Plener
Minister Ritter v. Biliński
Admiral v. Eberan

Rittmstr. R. v. Micewski
Kämm., Oberlieut. Graf Kinsky
Major Ballentović
Flügel-Adj., Major Graf Alberti
Oberst von Schadek
Bürgermeister Strobach
Kam.-Vrst., Obrstlt. Frh. v. Henniger
Kammervorst., Oberst v. Szmrecsányi
Flügel-Adj., Major Fürst Dietrichstein
Mil.-Bevollm., GM. Klepsch
FML. Ritter v. Mathes
FML. Graf Geldern
FML. v. Latscher
FML. Schmidt
FML. Freiherr v. Wersebe
FML. Edler v. Ther
Minister v. Darányi
Minister v. Perczel
Minister Freiherr v. Glanz
Hofmarschall Graf Apponyi
Obersthofmstr. Freih. v. Gudenus
Minister Graf Gleispach
FML. Freiherr v. Handel
Obersthofmstr. Graf Wolkenstein
Minister Graf Ledebur
General-Director Freih. v. Chertek
G. d. C. Graf Üxküll

Botschafter Prinz Franz Liechtenstein
Fürstin Dietrichstein-Dolgoruky
Gd.-Cpt., G. d. C. Prz. Jos. Windischgraetz
Fürstin Montenuovo-Kinsky
Russ. Hofm., Gen. Graf Paul Benckendorff
Gräfin Schönborn-Czernin
Oberstkämm. Graf Trauttmansdorff
Hofdame v. Wassiltchicow
Minister-Präs. Graf Badeni
Obrsthfmstin. Mkgfin. Pallavicini-Széchén
Russ. Hofmeister Graf Hendrikow
Gräfin Ledebur-Czernin
Obersthfmstr., FML. Freih. v. Wimpffen
Obersthfmstrin. Gfin. Cziráky-Esterházy
Präsident Graf Hohenwart
Obersthofmstrin. Gräfin Gondrecourt
FZM. Freih. v. Beck
Fürstin Dolgoroukoff
Oberceremmstr., G. d. C. Graf Hunyady
Russ. Gen.-Consul v. Basily
Reichsfin.-Minister v. Kállay
Russ. Flügel-Adj. Fürst Dolgoruky
Obersthofmstr. Graf Franz Bellegarde
Russ. Botsch.-Secr. v. Nelidow
Minister, FZM. Freih. v. Fejerváry
Russ. Botsch.-Attaché Frst. Dolgoroukoff
Admiral Freih. v. Sterneck
Russ. Kammerjunker v. Echappar
FZM. Freih. v. Merkl
Statthalter Graf Kielmansegg
General-Adjutant, FML. v. Bolfras

141 Personen.

Rechts: Galadiner zu Ehren des russischen Kaiserpaares (Zar Nikolaus II.) im August 1896

gesandt und am Südbahnhof wurde der Zarewitsch vom Kaiser und den Erzherzögen empfangen. Nach der Begrüßung fuhren sie in die Hofburg. Um fünf Uhr nachmittags war ein Galadiner im reich geschmückten Zeremoniensaal vorgesehen. Die Stirnseite des Saales war hinter exotischen Blumen und Farnen verborgen, die hohen Palmen reichten bis zur Saaldecke. Die Tafel längs des Saales trug achtzig Gedecke.

Punkt fünf Uhr betrat der Hof den Saal und – welche Überraschung! – Kaiserin Elisabeth erschien am Arme des Zarewitsch Nikolaj; alle waren erstaunt über das frische Aussehen und die elastische Haltung der Kaiserin. Ihre Teilnahme war ein Hofereignis ersten Ranges, da sie seit dem Tode des Kronprinzen keinem Feste mehr beigewohnt hatte. Bei der Hochzeit ihrer Tochter, der Erzherzogin Maria Valerie, trug sie zum letzten Mal ein lichtes Kleid. Nun erschien sie in einem hohen, schwarzen Wollkleid mit langen Ärmeln und langer Schleppe, mit dem Band des russischen Ordens der Heiligen Katharina und im Haar eine Coiffure aus schwarzem Bernstein und schwarzen Federn.

Hofbonbonieren:
Kaiser Franz Joseph,
Erzherzogin Gisela,
Tochter des Kaisers

Spitzenmedaillons:
Das Brautpaar Prinz Georg von Bayern, Sohn der Erzherzogin Gisela, und Erzherzogin Marie Isabelle (10. Februar 1912)

Erzherzogin Elisabeth, Tochter des Kronprinzen Rudolf und der Kronprinzessin Stephanie

Vier Jahre später nahm Elisabeth zum letzten Mal an einer Hoffestlichkeit teil, als sie Ende August 1896 dem Galadiner in den Redoutensälen zu Ehren des russischen Kaiserpaares – aus dem Thronfolger Nikolaj war inzwischen Nikolaus II. geworden – beiwohnte, wieder in tiefschwarzer Trauerkleidung.

Der russische Thronfolger nahm in der Mitte der rechten Seite der Tafel Platz, zu seiner Rechten die Kaiserin und zu seiner Linken der Kaiser. Darnach reihten sich rangmäßig die übrigen Familienmitglieder sowie die Suiten.

Es wurde ausschließlich auf Gold gespeist, und auch die mit Chrysanthemen gefüllten Tafelaufsätze waren aus Gold.

Potage Crème de volaille (Hühnercrèmesuppe)
Petites croustades à la Richelieu (Gefüllte Krusten)
Côtelettes de saumon à l'anglais (Lachskoteletten am Rost mit zerlassener Butter)
Pièce de boeuf et selle d'agneau (Rindslende und Lammrücken)
Filets de perdreaux à la Reine (Rebhuhnfilets mit getrüffeltem Haschee gefüllt)
Escalopes de dindes à la Bagration (Truthahnschnitzeln mit getrüffelter Sauce und Makkaroni)
Sorbet (Fruchteis mit Likör aufgefüllt)
Faisans rôtis, salade, compote (Gebratener Fasan, Salat, Kompott)
Asperges en branches (Spargel in Bündeln)
Croûte aux ananas à la française (Ananas-Weißbrotkrusten)
Bombe au chocolat (Schokolade-Eisbombe)
Fromage, Glace aux fraises et au Caramel (Käse, Erdbeer- und Karamel-Eis)
Dessert

Nach der Galatafel fand eine Galavorstellung im Hofoperntheater statt.

Eine pompöse Hochzeit wurde am 24. Jänner 1893 in der Hofburg gefeiert. Die Nichte Kaiser Franz Josephs, Erzherzogin Margarethe Sofie, Tochter des Erzherzogs Karl Ludwig und der Erzherzogin Maria Theresia von Portugal, schloß den Bund der Ehe mit dem Herzog von Württemberg, Enkel des ruhmreichen Feldmarschalls Erzherzog Albrecht.

Am vorhergehenden Samstag, den 21. Jänner, 12 Uhr mittags, fand die Renunziation (Verzichtserklärung auf das Thronerbe) der Erzherzogin-Braut in der Geheimen Ratstube der Hofburg statt. Um vier Uhr nachmittags war Familien-Diner im Redoutensaal der Hofburg mit dem Kaiser, dem Brautpaar und den kaiserlichen Familienmitgliedern. In den angrenzenden Technischen Appartements war die Marschalltafel für die Suiten gedeckt. Die Tafelmusik besorgte die Kapelle des Hoch- und Deutschmeister Infanterie Regiment Nr. 4 unter der Stabführung des Kapellmeisters Carl Michael Ziehrer, wobei nach der Ouverture „Die lustigen Weiber von Windsor“ von Otto Nicolai, der Walzer „Gebirgskinder“ und die Polka Mazur „Lachen, Kosen, Tanzen“ von Ziehrer aufgeführt wurden.

Um halb acht Uhr abends war Théâtre paré in der Hofoper. Operndirektor Jahn dirigierte die Oper „Die Rantzau“ von Pietro Mascagni sowie die Balletteinlage „Eine Hochzeit in Bosnien“.

Die Braut trug in ihrem blonden Haar das vom Kaiserpaar gespendete Diadem aus Diamanten und Rubinen.

Am Sonntag vormittag kam der Hofzug mit dem württembergischen Königspaar an und wurde von Kaiser Franz Joseph in der Uniform seines württembergischen Regimentes begrüßt. Das Königspaar bezog seine Appartements im Leopoldinischen Trakt.

Für das am Montag um vier Uhr nachmittags angesagte Galadiner war der Redoutensaal über Nacht in einen glanzvollen Speisesaal umgewandelt worden. Die hufeisenförmige Tafel trug vierzehn Aufsätze mit Blumenbuketts aus Kamelien, Rosen, Azaleen und Hyazinthen. Die Aufsätze waren mit Bäckereien gefüllt. Die kleinen vergoldeten Bonbonnieren, die neben dem Gedeck lagen, zeigten Miniaturporträts des Brautpaares und der Mitglieder des Kaiserhauses. Vor jedem Platz waren neben dem Besteck verschiedene Weingläser und zwei Karaffen mit rotem und weißem Tischwein placiert. Kurz vor vier Uhr inspizierte der Oberstküchenmeister Graf Wolkenstein die Tafelanordnungen. Um vier Uhr gab der Oberzeremonienmeister Graf Hunyady das Zeichen für das Erscheinen des Hofes durch drei Schläge mit dem Stabe. Der Kaiser führte die Königin von Württemberg und der König die Erzherzogin Maria Theresia, die bei solchen Festlichkeiten schon seit längerem die meist abwesende Kaiserin Elisabeth vertreten hatte, zu Tisch. Das Brautpaar nahm in der Mitte der Tafel Platz. Die Sitzliste zum Galadiner zeigt die genaue rangmäßige Platzzuteilung.

Sitz-Liste zum Gala-Diner

Montag, den 23. Jänner 1893, um 4 Uhr Nachmittag.

Erzherzog Otto
Herzogin Maria Theresia v. Württemberg
Prinz Leopold v. Bayern
Erzherzogin Marie Therese
S. M. der König von Württemberg
Erzherzogin Margaretha
Herzog Albrecht von Württemberg
J. M. die Königin von Württemberg
Seine k. und k. Apost. Majestät
Prinzessin Gisela von Bayern
Erzherzog Karl Ludwig
Erzherzogin Maria Josefa

Oberhofmst. Freiherr v. Reitzenstein
Reichskgs-Min. FZM. Frh. v. Bauer
Württemb. Gef. Freih. v. Mancler
Erst. Obrsthfm. G. d. C. Prz. Hohenlohe
Minister G. d. C. Graf Kálnoky
Gen.-Adj. Gen.-L. Frh. v. Falkenstein
Gen.-Adj. G. d. C. Graf Paar

Erzherzogin Blanca
Erzherzog Ludwig Victor

Erzherzogin Klotilde
Erzherzog Josef Ferdinand

Erzherzogin Elisabeth
Erzherzog Franz Salvator

Prinzessin Augusta v. Bayern
Erzherzog Albrecht Salvator

Herzogin Isabella v. Württemberg
Erzherzog Karl Stefan

Erzherzog Josef August
Herzog Wilhelm v. Württemberg

Herzog Robert v. Württemberg
Prinz Albrecht zu Schaumburg-Lippe
Obersthofmeisterin Gräfin Goëß
Vic.-Präs. Fürst Alex. Schönburg
Baronin Mancler
Oberstkämm. Graf Trauttmansdorff
Obersthofmstrin. Gräfin Hoyos-Paar
Obersthofmarschall Graf Szécsen
Obrsthfmstrn. Gfn. Bellegarde-Kinsky
Garde-Cpt. G. d. C. Graf Neipperg
Obrsthfstn. Gfn. Thun-Schwarzenberg
Cabinetschef Dr. v. Griesinger
Obrhfmstrin. Gräfin Attems-Attems
Oberhofmarschall Frh. v. Wöllwarth
Obrsthfmstrn. Gfn. Buquoi-Öttingen
Obrsthfm. G. d. C. Frh. v. Schloißnigg
Hofdame Baronin Stauffenberg
Staatsrath Freiherr v. Braun
Hofdame Gräfin Bombelles
Oberstjägermeister Graf Traun
Hofdame Gräfin Dezasse
Präsident v. Tóth
Vic.-Präs. Freiherr v. Chlumecky
Minister Graf Ludwig Tisza
FZM. Freiherr v. Schönfeld
Obersthofm. FML. Graf Herberstein
Obersthofm. Graf Franz Falkenhayn
Garde-Capitän FML. Graf Pálffy
FZM. Freiherr v König
Kamm.-Vorst. FZM. R. v. Koblitz
Admiral Freiherr v. Sterneck
Oberstküchenmeist. Graf Wolkenstein

Hauptmann Ritter v. Dormus
Kämm. Lieut. Freih. v. Walterskirchen
Kämmerer Oberlieut. v. Dessewffy
Kamm.-Vorst. Oberl. Frh. v. Lederer
Flügel-Adjutant Major Tengler
Württ. Sec.-Lieut. v. Marval
Oberst Rechwalsky
Württemb. Sec.-Lieut. Graf zu Lippe
Kamm.-Vorst. Major Frh. v. Bodman
Württemb. Prem.-Lt. Frh. v. Valois
Kamm.-Vorst. Major Frh. v. Türkheim
Württemb. Prem.-Lieut. Roschmann
Kmm.-Vorst. Lsch.-Cpt. Gf. Chorinsky
Württemb. Prem.-Lieut. Gf. Zeppelin
Bürgermeister Dr. Prix
Württemb. Hauptm. Frh. v. Ziegesar
Hofmarschall GM. Frh. v. Silvatici
Württemb. Major Frh. v. Crailsheim
Gesandter v. Okolicsanyi
FML. Ritter r. Baccarcich
FML. Ritter v. Ludwig
FML. Ritter v. Hold
FML. v. Nemethy
FML. Edler v. Lehne
FML. Gradl
Württemb. Oberst v. Hiller
FML. Weigl
Württ. Flüg.-Adj. Oberst v. Graevenitz
FML. Graf Uexküll
Minister Dr. Steinbach
FML. Freiherr v. Lederer
Markgraf Alexander Pallavicini
Sectionschef Freiherr v. Pasetti

Hauptmann v. Magyar
Kämmerer Oberlieut. v. Szirmay
Kämm. Oberlieut. Graf Széchényi
Major v. Rudzinski
Flüg.-Adj. Oberstlt. Gf. Schaffgotsch
Württemb. Sec.-Lieut. Haid
Kämm. Leo Freiherr v. Gudenus
Württemb. Prem.-Lieut. Picht
Kämmerer Major Frh. v. Lazarini
Württ. Prem.-Lt. v. Faber du Faur
Württemb. Prem.-Lieut. v. Rantzau
Kämmerer Major v. Montenach
Württemb. Rittm. Freiherr v. Hayn
Vice-Präsident Dr. Kathrein
Württ. Flüg.-Adj. Rittm. v. Knözer
Polizei-Präsident Ritter v. Stejskal
Württemb. Oberlieut. Baumann
FML. Schmidt
FML. Edler v. Ther
FML. Jaeger
FML. Merta
FML. Vogl
FML. Freiherr von Gagern
Württ. Kammerh. Gf. Eberh. Zeppelin
FML. Freiherr v. Handel
Bayr. Hofmarschall Frh. v. Perfall
FML. von Kovács
Vice-Admiral v. Eberan
FML. v. Fischer
Gen.-Adjt. FML. v. Bolfras
Statthalter Graf Kielmansegg
FML. Freiherr v. Merkl
FML. Graf Graevenitz
Landmarschall Graf Kinsky

Erzherzog Ferdinand

Erzhzgin. Maria Theresia (Karl Stefan)
Erzhz Ferdinand, Großh. v. Toscana

Erzherzogin Marie (Rainer)
Erzherzog Leopold Salvator

Prinzessin Elisabeth v. Bayern
Erzherzog Albrecht

Erzherzogin Karolina
Erzherzog Friedrich

Erzherzog Wilhelm
Erzherzog Rainer
Herzog Nicolaus v. Württemberg
Prinz Friedr. zu Schaumburg-Lippe
Cardinal Fürsterzbischof Dr. Gruscha
Palastdame Gräfin Uexküll
Oberststallm. GM. Prinz Liechtenstein
Obersthofmeisterin Baronin Limpöck
Obrstslbk. FML. Prz. A. Windischgrätz
Obrsthfmstn. Gfn. Sieminska-Lewicka
G.-Capit. G. d. C. Prz. J. Windischgrätz
Obrsthfmstrin. Gräfin Harrach-Taxis
Minister-Präsident Graf Taaffe
Obrsthfmstn. Gfn. Schönfeld-Festetics
Präsident Graf Richard Belcredi
Obrsthfmstn. Gfn. Erdödy-Oberndorf
Obersthofmstr. G. d. C. Frhr. v. Pire
Hofdame Gräfin Degenfeld
Obersthfmstr. FML. Frh. v. Wimpffen
Hofdame Gräfin Stolberg
Präsident Graf Karl Hohenwart
Präsident v. Stremayr
Präsident Dr. Unger
Obersthofmeister Graf Ernst Hoyos
FZM. Freiherr von Beck
Ob.-Ceremonm. FML. Graf Hunyadi
Obersthofmeister Graf Pejácsevich
Minister Graf Julius Falkenhayn
Reichs-Finanzminister v. Kállay
Geh. Rath Freiherr v. Bezecny
Minister FZM. Freih. v. Fejervár
Minister Graf Schönborn
FZM. Freiherr v. Giesl
Obersthofmstr. FML. Baron de Vau
Minister Marquis Bacquehem

174 Personen.

Sitz-Eintheilung zum Hofconcert

am 23. Jänner 1893.

Oberststallmeister
Obersthofmarschall
Oberstkämmerer
Minister des kais. Hauses
Obersthofmeisterin. Gfin. Goëß
Erster Obersthofmeister

Mad. Merry del Val
Mad. Decrais
Lady Paget
Fürstin Reuß
Botschafterinnen

türk. Botschafter
span. Botschafter
franz. Botschafter
ital. Botschafter
großb. Botschafter
russ. Botschafter
deutsch. Botschafter
apost. Nuntius

1. Reihe

Links	Mitte	Rechts
Erzherzog Leopold Salvator	Seine k. u. k. Apost. Majestät	Erzherzogin Marie Therese
Erzherzogin Elisabeth	I. M. die Königin v. Württemberg	Prinz Leopold von Bayern
Erzherzog Josef Ferdinand	S. M. der König v. Württemberg	Erzherzogin Maria Josefa
Erzherzogin Klotilde		Herzog Albrecht von Württemberg
Erzherzog Ludwig Victor		Erzherzogin Margaretha
Erzherzogin Blanca		Erzherzog Ferdinand
Erzherzog Otto		Erzherzogin Maria Theresia (Karl Stefan)
Herzogin Maria Theresia v. Württemberg		Erzherzog Ferdinand, Großh. v. Toscana
Erzherzog Karl Ludwig		Prinzessin Clementine v. Sachsen-Coburg
Prinzessin Gisela von Bayern		

2. Reihe

Garde-Cap. d. Arc.-Leibgarde
„ „ d. ung. „
„ „ d. Trab.- „
Gen.-Adjt. G. d. C. Graf Paar

Links	Rechts
Prinz Alfred Liechtenstein	Erzherzog Albrecht
Prinz Friedrich zu Schaumburg-Lippe	Prinzessin Luise v. Sachsen-Coburg
Herzog Robert von Württemberg	Erzherzog Albrecht Salvator
Herzog Wilhelm von Württemberg	Prinzessin Augusta von Bayern
Erzherzog Josef August	Erzherzog Karl Stefan
Erzherzog Wilhelm	Herzogin Isabella v. Württemberg
Erzherzogin Karolina	Erzherzog Rainer
Erzherzog Friedrich	Herzog Nikolaus v. Württemberg
Prinzessin Elisabeth von Bayern	Prinz Philipp von Sachsen-Coburg
Erzherzog Franz Salvator	Prinz Albrecht zu Schaumburg-Lippe

3. Reihe

Links	Rechts
Palastdamen	Cardinal Fürsterzbischof Gruscha
Fürstin Liechtenstein-Liechtenstein	Bayr. Gesandte Graf Bray
	Baronin Maucler
	Württ. Gesandte Baron Maucler
	Gesandte und deren Gemahlinnen

4. Reihe

Links	Rechts
Palastdamen	Gesandte und deren Gemahlinnen

5. Reihe

Links	Rechts
Palastdamen	Suite der württemb. Majestäten
Damen	Bayrische Suite
u. s. w.	Diplomatisches Corps
	u. s. w.

bis

15. Reihe.

Das Gala-Menu bestand aus den folgenden Gängen:

Huîtres d'Ostende (Austern)
Potage à la Princesse (Hühnercremesuppe mit Spargel)
Petites timbales à la d'Orloff (Gefüllte Becherpastetchen)
Darnes de saumon, sauce béarnaise (Lachsmittelstücke in aufgeschlagener Estragonsauce)
Pièce de bœuf et selle d'agneau (Rindslende und Lammrücken)
Poulardes truffées (Masthuhn mit Trüffeln)
Homards en bordure d'aspic (Hummer mit Aspik garniert)
Sorbet (Fruchteisgetränk)
Faisans à la broche, salade, compote (Fasan am Spieß, Salat, Kompott)
Asperges en branches (Spargel in Bündeln)
Bombe au chocolat (Schokolade-Eisbombe)
Fromages (Käse)
Glace aux framboises et au café (Himbeer- und Kaffee-Eis)
Dessert

Nach dem vierten Gang wurde der Champagner kredenzt. Der Kaiser erhob sich, um den Trinkspruch darzubringen:

„Dem heutigen Feste verdanken wir die Anwesenheit Ihrer Majestäten des Königs und der Königin von Württemberg. Indem Ich dieselben in unserer Mitte in treuer Freundschaft herzlichst begrüße, leere Ich das Glas auf das Wohl Seiner Majestät des Königs, Ihrer Majestät der Königin sowie des gesamten königlichen Hauses von Württemberg. Glück und Segen dem teuren Brautpaar!"

Die Hofballmusik stimmte die ersten Akkorde der Hymne „Heil Dir im Siegerkranz" an und es folgte der Trinkspruch des Königs von Württemberg. Darauf spielte die Musik die ersten Takte der österreichischen Volkshymne.

Die Hofkapelle unter der Leitung des Hofball-Musikdirektor Eduard Strauss brachte während des Diners folgendes Programm:

1. *Brautzug aus der Oper „Lohengrin" von Richard Wagner*
2. *„Hochzeitslieder", Walzer von Eduard Strauss*
3. *„Zigeunerlied und Kirschenduett" aus der Oper „Freund Fritz" von Pietro Mascagni*
4. *„Sängerlust", Polka française von Johann Strauss*
5. *„Ungeduld", Lied von Franz Schubert*
6. *„Märchen aus dem Orient", Walzer von Johann Strauss*
7. *„Guitarre", Charakterstück von E. Moszkowski*
8. *„Schatzwalzer" von Johann Strauss*
9. *„Die Wienerin", Polka française von Eduard Strauss*
10. *„Träumerei" von Robert Schumann*
11. *„Sphärenklänge", Walzer von Josef Strauss.*

Dem Galadiner (siehe Sitzeinteilung auf vorheriger Seite) folgte um halb neun Uhr abends ein Hofkonzert im Zeremoniensaal.

Ein Abendessen mit der „gnädigen Frau"

Im März 1898 fühlt sich Franz Joseph einsam – seine Gemahlin weilt wieder einmal in Bad Kissingen – und so lädt er, um sich ein wenig ausplaudern zu können, die „gnädige Frau" zu einem Abendessen in den Kleinen Salon der Hofburg ein. Um sechs Uhr sitzen sich nun der Kaiser und Frau Schratt am Tisch gegenüber und die Lakaien trugen die Speisen auf, die der Herrscher für seine Freundin ausgesucht hat:

Potage aux ravioles de volaille (Suppe mit Schlickkrapfen – Nudelteigtascherln mit Hühnerfülle)
Quenelles de becasses à la Diane (Schnepfenknödel)
Pièce de bœuf et fricandeau de veau (Rindsbraten und Kalbsfricandeau)
Riz de veau frit aux morilles (Gebackenes Kalbsbries mit Morcheln)
Asperges en branches (Spargel in Bündeln)
Poularde rôtie, salade, compote (Gebratenes Masthuhn, Salat, Kompott)
Grießknödel mit Zwetschkenröster
Beignets de pommes (Gebackene Apfelscheiben)
Tarte aux nois (Nußtorte)

Die Grießknödel mit Zwetschkenröster sowie die Beignets de pommes hatte der Kaiser mit seinem Rotstift gestrichen. Als Ersatz hat er „Glaces" – Eis – und „Champagne sec" hinzugefügt.

Im Herbst des Jahres 1906 konnte der Kaiser nicht an den Übungen von Heer und Flotte in Dalmatien teilnehmen, da er an einem Bronchialkatarrh litt. Auch mußte er einige personelle Änderungen im Generalstab, im Ministerium des Äußern und im Kriegsministerium vornehmen, was den 76jährigen schon recht belastete. Am 13. Oktober dieses Jahres ist wieder ein Familiendiner angesetzt:

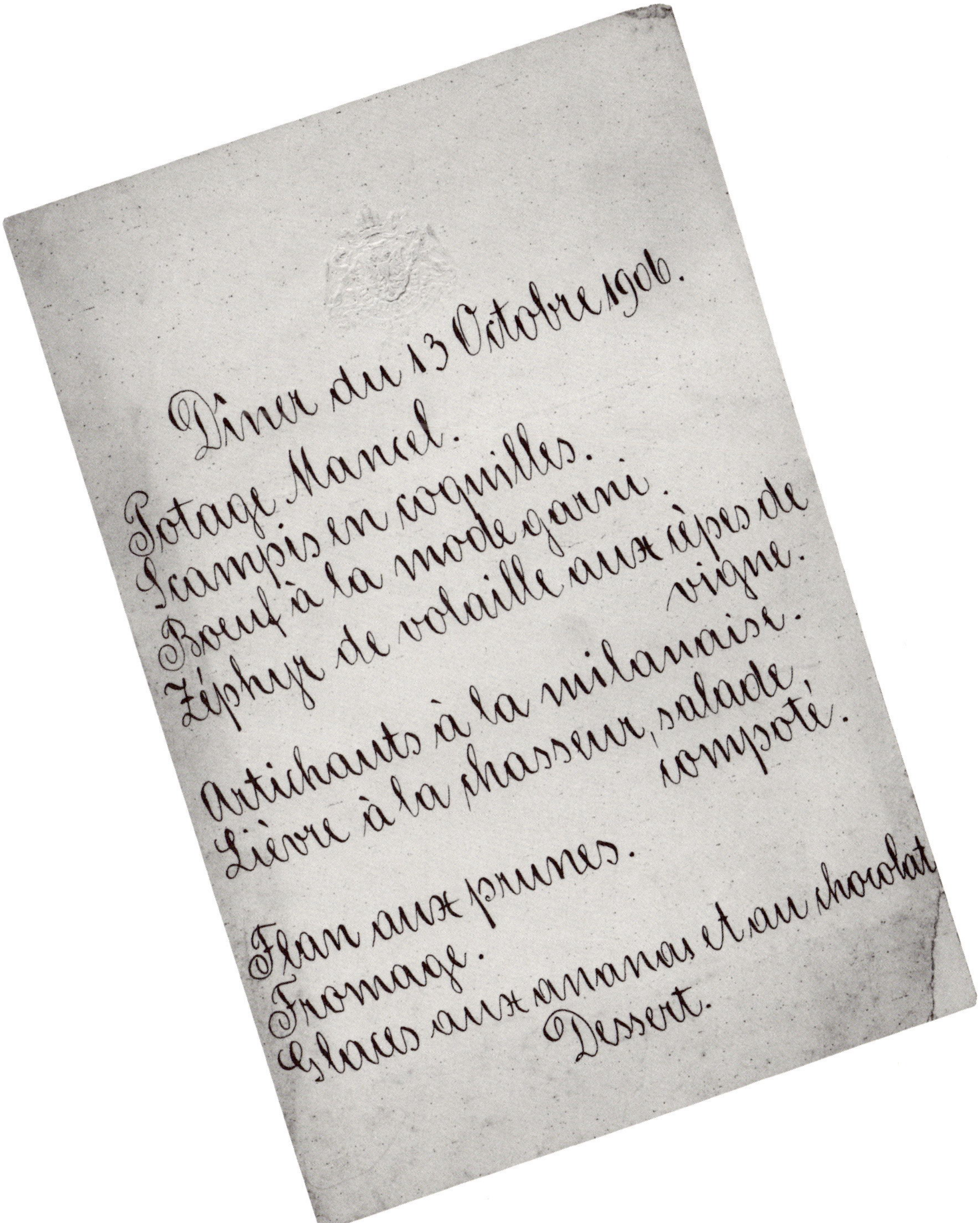
Dîner du 13 Octobre 1906.
Potage Mancel.
Scampis en coquilles.
Boeuf à la mode garni.
Zéphyr de volaille aux cèpes de vigne.
Artichauts à la milanaise.
Lièvre à la chasseur, salade compoté.
Flan aux prunes.
Fromage.
Glaces aux ananas et au chocolat
Dessert.

Suppe Mancel
Scampis in Muscheln
Garnierter Rindsbraten
Geflügelrahmfarce mit Steinpilzen
Artischoken mailändisch
Hasenbraten, Salat, Kompott
Pflaumenkuchen
Käse
Schokolade- und Ananas-Eis
Dessert

Am 18. August 1910 vollendet Kaiser Franz Joseph sein 80. Lebensjahr. Am Vorabend dieses Festtages wird das große Franz-Joseph-Kreuz auf dem Elferkogel (Katrin, 1543 m) bei Bad Ischl eingeweiht. Alle 72 Mitglieder des Herrscherhauses, darunter 14 Enkelkinder, haben sich in der Kaiservilla zu Ischl eingefunden, um ihre Glückwünsche darzubringen. Am 24. August folgt die Enthüllung des Denkmals „Franz Joseph als Weidmann“, geschaffen von Georg Leisek, am Lauffener Wald bei Ischl. Schon vorher hat der Kaiser ein Album mit 20.000 Unterschriften österreichischer Weidmänner überreicht bekommen. Präsident Wilhelm Graf Wurmbrand-Stuppach hält die Ansprache. Abends findet das Diner statt. Diesmal kein pompöses Mahl, sondern einfach, wie es der Kaiser liebt (allerdings fehlen diesmal seine geliebten „Asperges“).

„Diner du 4 Décembre 1911“ steht auf der handgeschriebenen Menukarte und in der oberen, rechten Ecke hat Kaiser Franz Joseph mit seinem Rotstift „2 Personen“ vermerkt. Es ist offensichtlich, daß er wieder einmal mit Frau Schratt ein gemeinsames Mahl einnehmen und sich ein wenig mit ihr unterhalten möchte. Es kann sich hiebei aber auch um einen besonderen

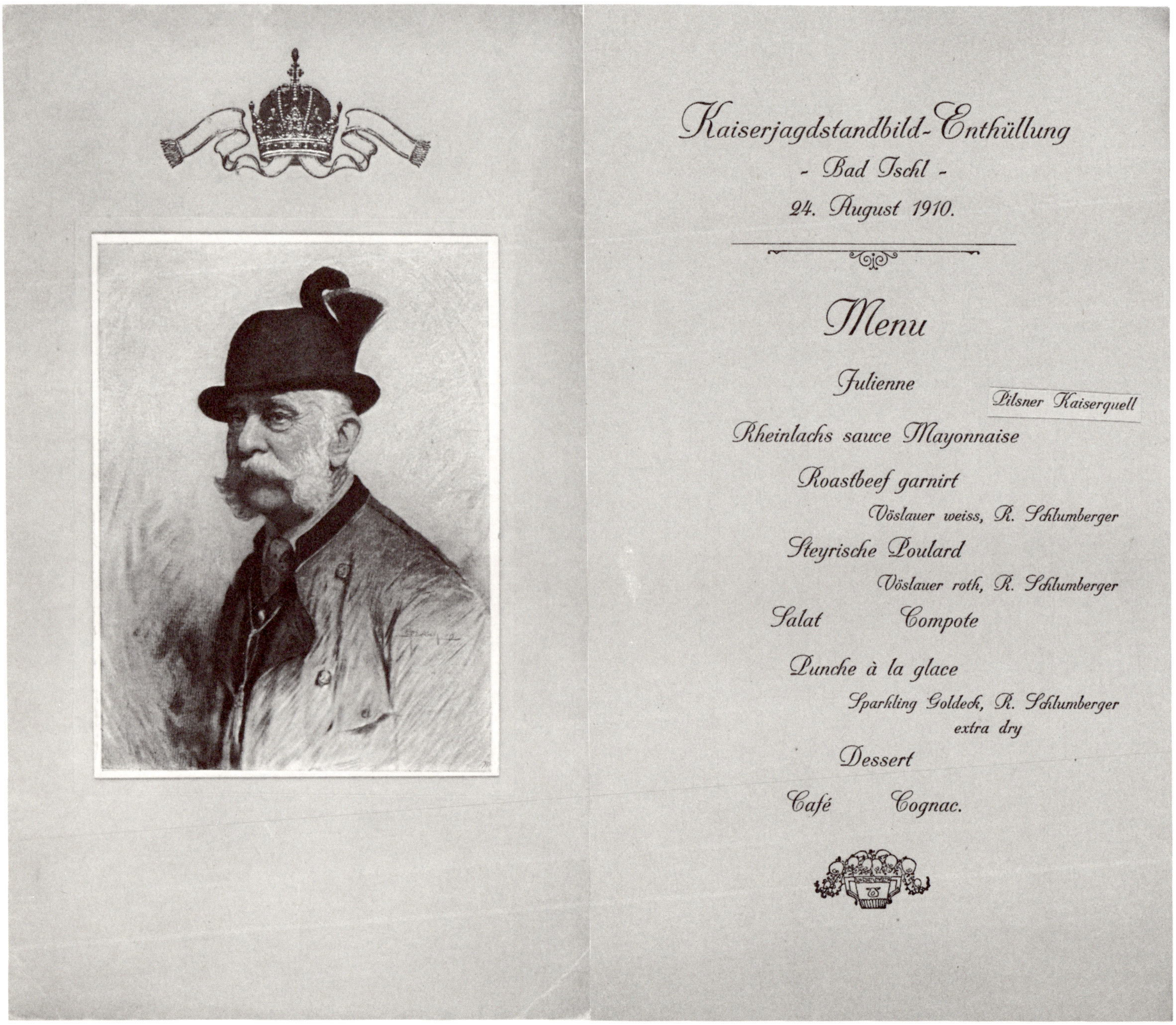
Kaiserjagdstandbild-Enthüllung
- Bad Ischl -
24. August 1910.

Menu

Julienne
Pilsner Kaiserquell
Rheinlachs sauce Mayonnaise
Roastbeef garnirt
Vöslauer weiss, R. Schlumberger
Steyrische Poulard
Vöslauer roth, R. Schlumberger
Salat Compote
Punche à la glace
Sparkling Goldeck, R. Schlumberger extra dry
Dessert
Café Cognac.

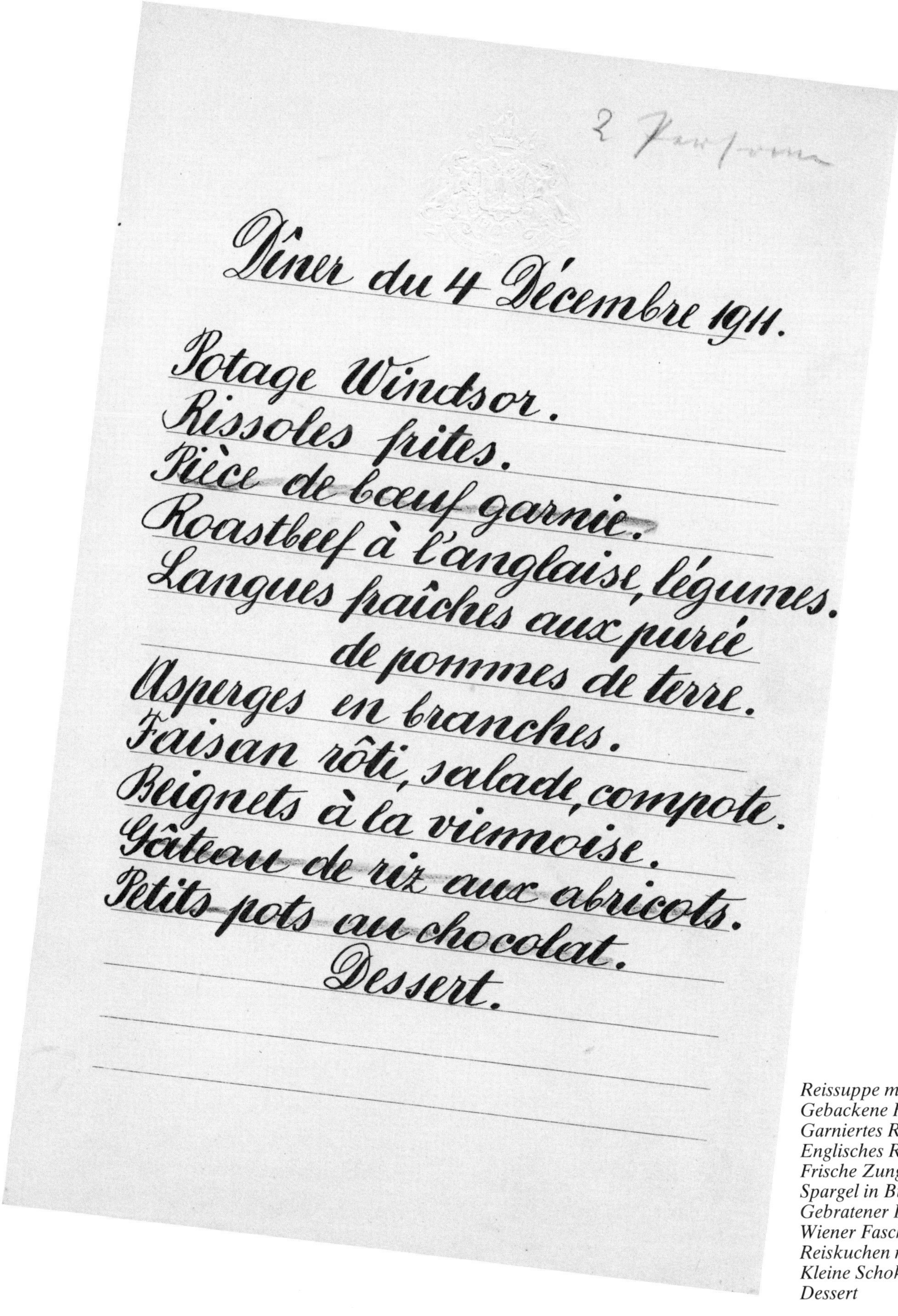
2 Personen

Dîner du 4 Décembre 1911.

Potage Windsor.
Rissoles frites.
Pièce de bœuf garnie.
Roastbeef à l'anglaise, légumes.
Langues fraîches aux purée
de pommes de terre.
Asperges en branches.
Faisan rôti, salade, compote.
Beignets à la viennoise.
Gâteau de riz aux abricots.
Petits pots au chocolat.
Dessert.

Reissuppe mit Kalbsfüßen
Gebackene Rissolen (Mundtäschchen)
Garniertes Rindfleisch
Englisches Roastbeef, Gemüse
Frische Zunge mit Kartoffelpuree
Spargel in Bündeln
Gebratener Fasan, Salat, Kompott
Wiener Faschingskrapfen
Reiskuchen mit Marillen
Kleine Schokoladenäpfchen
Dessert

Anlaß handeln. Denn am 13. November 1911 hat der Kaiser die Generaldirektion des Allerhöchsten Privat- und Familienfonds angewiesen, aus den unter dem Kennwort „Fidelis" dort erliegenden Geldern den Betrag von zweieinhalb Millionen Kronen Nominale österreichischer Kronenrente an Frau Katharina von Kiss, geborene Schratt, zu freien Händen auszuzahlen. Das Geld braucht sie gewiß dringend, denn ihre vielen Reisen und vor allem ihre Spielleidenschaft in Monte Carlo und sonstwo verschlingen namhafte Beträge. Aber Franz Joseph ist ihr gegenüber fast genau so tolerant und großzügig wie seinerzeit gegenüber seiner Gemahlin.

Bald nach der Vermählung seines Großneffen, des späteren Kaiser Karl, mit Prinzessin Zita von Bourbon-Parma gibt der Kaiser über Bitte seiner Lieblingsenkelin, der ältesten Tochter Marie Valeries, Elisabeth – Ella genannt –, die Erlaubnis zur Verehelichung mit dem Grafen Georg Waldburg-Zeil-Lustenau-Hohenems. Am 18. September findet die Vermählung statt und am Vortag trifft der Kaiser im geschlossenen Automobil vor Schloß Wallsee ein. Die Familie ist an festlich gedeckter Tafel vereint. Bei der Trauung ist der Kaiser zu Tränen gerührt. Am nächsten Tag gibt es ein Déjeuner dinatoire:

MENU

DEJEUNER
DU 16 JUIN 1913

Crême Margot
Oeufs à la Polignac
Selle de chevreuil Venaison
Legumes
Viande froide à la gelée
Gateau Millefeuilles
Fruits
Dessert

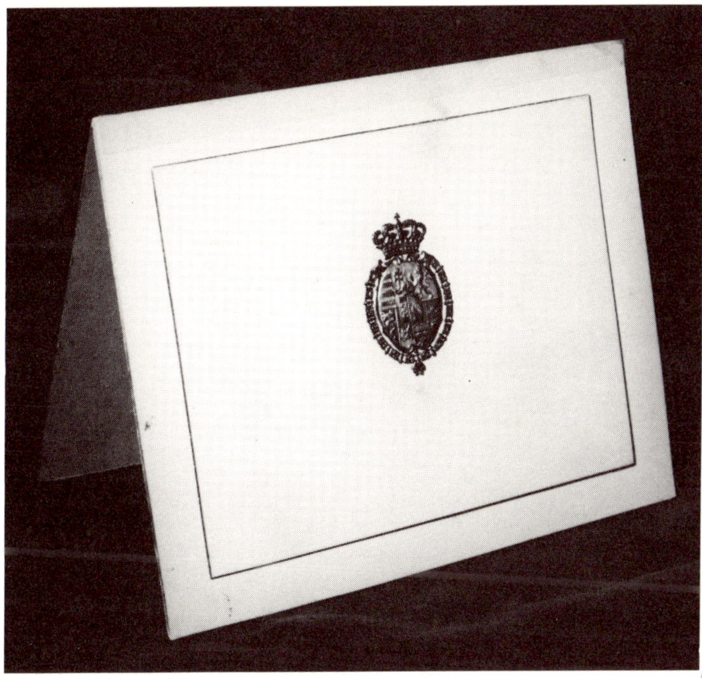

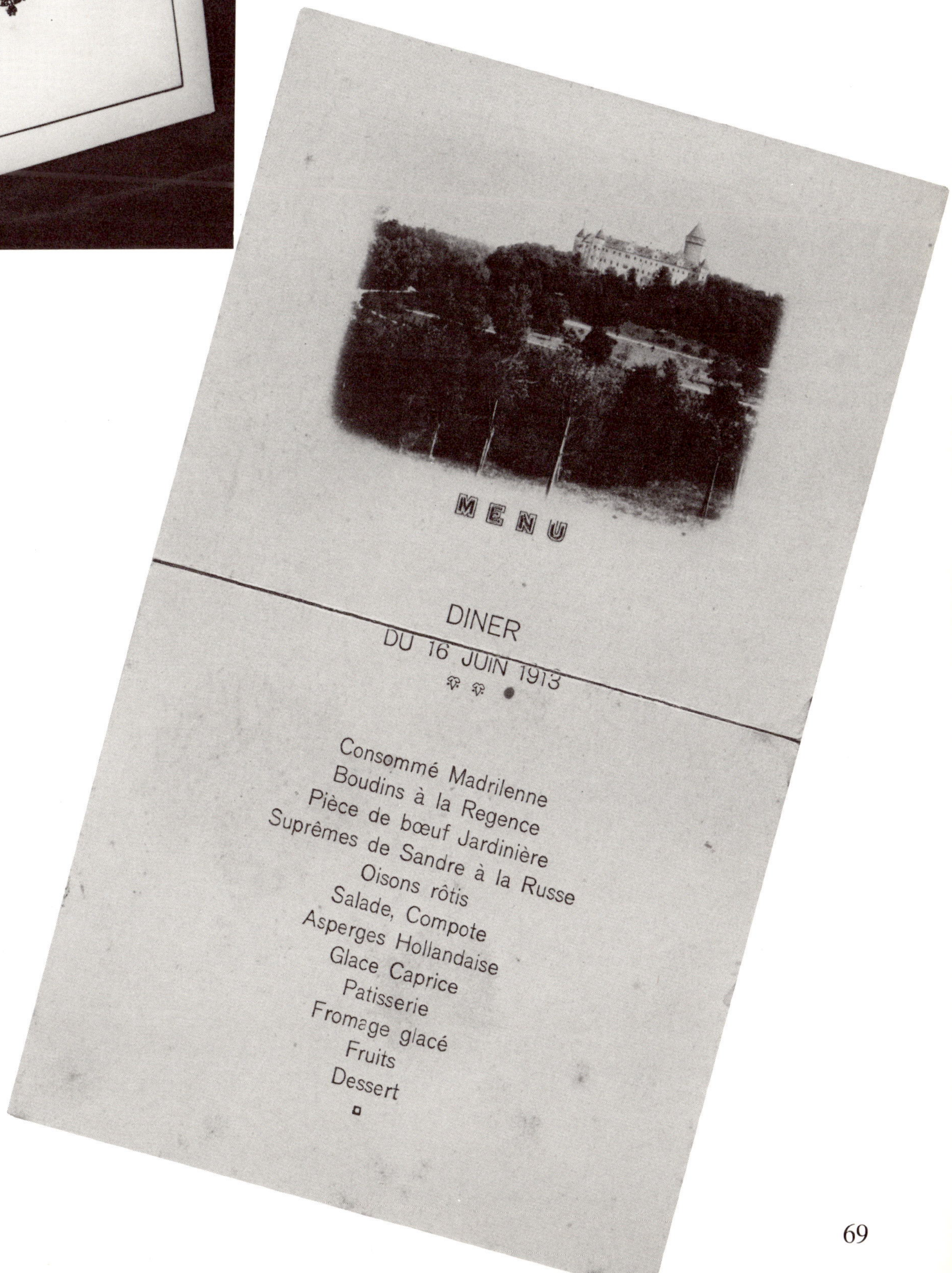

MENU

DINER
DU 16 JUIN 1913

Consommé Madrilenne
Boudins à la Regence
Pièce de bœuf Jardinière
Suprêmes de Sandre à la Russe
Oisons rôtis
Salade, Compote
Asperges Hollandaise
Glace Caprice
Patisserie
Fromage glacé
Fruits
Dessert

Hofköche und Strapaziermenscher

Zur Zeit Kaiser Karls VI., um 1727, stand an der Spitze der Hofküche der Obrist-Kuchelmeister Graf Mollart. Diesem Hofamt des Küchenmeisters gehörten der Obrist-Silberkämmerer Graf Cavriani und der Unter-Silberkämmerer, vier adelige Mundschenke, zwei Vorschneider und fünfzehn Truchsesse an. Es gab damals eine Menge Hofchargen, die man später zum Teil gar nicht mehr kannte, wie: Kuchelinspektor, Hof-Kuchelschreiber, Zör(Zehr-)gardener (Lebensmittel-Verwalter), Zehrgarden-Schreiber, Hof-Einkauffer (Hoffouriere), Mundkoch, Mundbäcker, Pastetenkoch, Meisterkoch (Chefkoch), Unterkoch, Mundwäscherin (sie mußte die Tischtücher und Servietten des Kaisers abgesondert rein waschen und separiert aufbewahren), Kucheltrager (er hatte das Küchengeschirr einzuräumen, die Küche zu säubern und zu bewachen), Zusetzer (dieser mußte in der Küche die Speisen auf den Schüsseln schön herrichten), Zuschrötter (er bestellte mit dem Einkäufer das Fleisch, mußte es zuschneiden und gut verwahrt halten, wozu er die Schlüssel bei sich trug), Summelier (er verwahrte den Mundtrank und das Brot für den Kaiser). Dann waren noch die Küchentürhüter, die Tafeldecker, der Geflügelmayer, der Extra-Geflügelmayer, der Geflügel-Hofgartner, der Kellerbinder und die Hausknechte zu nennen.

Der Hofkeller hatte ebenfalls eigene Chargen: den Zuschroder, den Hof-Kellermeister, den Hof-Ausspeß-Kellermeister, den Kellerschreiber.

Als Servierpersonal fungierten die Kammer-Tafeldecker und die Musikanten-Tafeldecker. Diese waren aber keineswegs die letzten, denn sie selbst befehligten noch über fünfzig Personen, darunter 22 verschiedene Köche, Meisterköche, Bacherey-(Bäckerei-)Köche, Zusetzer, Ordinari-Kucheljungen, Bacherey-Trager, Kesselreiber usw.

Im Hofstaat der Gemahlin Kaiser Karls VI., der Kaiserin Elisabeth Christine, scheint unter vielen anderen auch ein Hochadel-Frauenzimmer-Tafeldecker auf, weiters Guardedames, Kammer-Naderin, Mundköchin, Kammermensch, Kuchelmensch, Abwaschmensch, Frauenzimmer-Kreserin, Frauenzimmer-Tafel- und

Summelier.

Ihr werdet geloben unnd schweren, dem allerdurchleüchtigsten
Unnserm allergnedigsten Herrn treu, gehorsamb unnd gewerttig zu sein
Ihrer Kays. May. Nutz unnd Frommen fürdern, Nachtheil zu warnne
unnd zu wenden, unnd sonderlich das Summelier-Ambt, darzu ihr jet
bestettigt werdet, vermög euer Instruction, die euch hernach zuegestel
werden solle, mitt getreuem Fleiss unnd Sorg zu versehen, der Kays. May
Mundtranck unnd Brodt in fleissiger, sorgfeltiger, treuer Huet zu habe
unnd zu verwahren, auch wass euch sonst durch der Kays. May. Kuchel
maister unnd Contralohr, auf welche ihr euern billichen Respect habe
sollet, in Ihrer Kays. May. Namen befohlen wirdt, treulich verrichten
auch sonst Alles das thuen unnd handlen, das einem getreuen Diene
unnd Summelier gegen seinem Herrn bey Ehr unnd Aydts-Pflichten z
thuen gebüehrt unnd zustehet, alles treulich unnd ohn Gefehrde.

Einkhauffer.

Ihr werdet geloben unnd schweren, dem allerdurchleüchtigste
Unnserm allergnedigsten Herrn, treu, gehorsamb unnd gewerttig zu sei
Ihrer Kays. May. Nutz unnd Frommen fürdern, Nachtheil unnd Schade
aber warnnen unnd wenden, unnd nachdem Ihr Kays. May. euch zu ihre
Einkhauffer gnedigist befürdert, so sollet ihr euer Ambt handlen nac
Innhalt der Instruction, so euch hernach zuegestelt werden solle, unr
wass euch Ihr Kays. May. Kuchelmaister unnd Hof-Contralohr, bevora
aber Ihr Kays. May. Obrister-Hofmaister ferer darüeber zu khauffen e
fragen, dieselben ausskhosten, hierüeber berichten unnd nach Befindun
auch weitterer Verordnung dieselben erheben, wass man von einer Ze
zur andern begehren wirdt, sauber unnd fleissig abziehen, wohlverwahrt
aufheben unnd nach Ihrer Kays. May. Hofe befürdern, auch alle ei
gebrachte Wein nach der Visier unnd was auf die Füll unnd ins G
leger gangen oder wer dieselben hinverwendet ordentlich verraitten un
sonsten Alles das thuen unnd verrichten, wass einem getreuen Kelle
maister unnd Diener gegen seinem Herrn seiner Pflicht nach aignet un
gebüehrt, Alles treulich, gehorsamblich unnd ohn Gefehrde.

Zörgartner.

Nachdem die Röm. Kays. May., Unnser allergnedigster Herr, euch
Ihrem Zörgarttner allergnedigst an- unnd aufgenommen, so sollet i
hierauf geloben unnd schweren, Derselben getreu, gehorsamb unnd g
werttig zu sein, Ihrer Kays. May. Nutz unnd Frommen fürdern, Nachth
unnd Schaden aber warnnen unnd zu wenden unnd sonderlich alss Der
selben Zörgarttner allerley eingekhaufften Victualia, so durch den Ei
khauffer unnd sonsten in Zörgartten gebracht unnd gelifert wirdt,
getreuer Verwahrung halten unnd dieselben ordentlich zu verraitt
schuldig sein, auch was euch sonsten vom Kuchelmaister unnd Contral
auf welche ihr nach dem Herrn Obristen-Hofmaister euern gebüehrend
Respect haben sollet, in Ihr Kay. May. Geschäfften befohlen wirdt, de
selben gehorsamblich nachkhommen, unnd Alles anders thuen, das eine
getreuen Diener gegen seinem Herrn bey Ehr unndt Aydtspflicht zue thu
gebüehrt unnd zustehet, alles treulich, gehorsamblich unnd ohn Gefehr

Zuschrötter.

Ihr werdet geloben unnd schweren, dem allerdurchleüchtigsten, 'nnserm allergnedigsten Herrn, treu, gehorsamb unnd gewerttig zu sein, ırer Kays. May. Nutz unnd Frommen zu fürdern, Schaden aber unnd 'achtheil zu warnnen unnd zu wenden, unnd alss Ihrer Kays. May. Zu- :hrötter Alles das, so euch durch den Herrn Kuchelmaister, Contralohr and Kuchelschreiber von Ambtwegen auferlegen unnd befehlen, gehor- ımblich unnd fleissig verrichten, alles Rindt- unnd ander Kleinfleisch itt Wissen unnd im Beysein dess Einkauffers, so es anders die Gelegen- eit erleiden mag, bestellen unnd abraitten, das Fleisch im Ziergartten in, sauber, luftig unnd wohlverwahrt halten, Keinem den Schliessel zu n Geweltern, Fleisch geben, auch Niemandts Frembden in dasselbige ehen lassen, unnd nichts ungeschmackhs darin leiden, sonsten Alles nders handlen unnd thuen, das einem getreuen Diener gegen seinem errn bey Aydtspflicht gebürth unnd zuestehet, getreulich unnd ohn efehrde.

Mundtkhoch.

Ihr werdet geloben unnd schweren, dem allerdurchleuchtigsten, rossmechtigsten Römischen Kayser., auch zu Hungern unnd Böhaimb hünig, Unnserm allergnedigsten Herrn getreu, gehorsamb unnd gewerttig ı sein, Ihrer Kays. May. Nutz unnd Frommen fürdern, Nachtheil aber and Schaden zu warnnen unnd zu wenden, unnd nachdem euch ietzo Ihr ays. May. zu deroselben Mundtkhoch gnedigist bestettigen, sollet ihr ıch mitt Kochen unnd in andern Sachen eur Ambt unnd Dienst betrefend ach Ihrer Kays. May. Kuchelmaister unnd Contralor, Ambts-Verwesern chten, unnd nach seinem Befelch handeln, auch gegen derer euch under- benen Knechten aller gebüehrenden Beschaidenheit gebrauchen, ihr llet auch auf sein Erfordern, so offt es die Notturfft erhaischet, bey den aittungen die Empfahung unnd Aussgebung der Kuchen anbelangt genwerttig sein, und euch sonsten in allen euern Instructionen ge- ess, die euch hernach zuegestelt werden wirdt, erzaigen, auch Alles das uen unnd handlen, wass einem getreuen Mundtkoch unnd Diener bey hr unnd Aydt zu thuen gebüehrt unnd zustehet, alles getreulich unnd n Gefehrde.

Maisterkoch.

Ihr werdet globen unnd schwehren, dem allerdurchleüchtigsten, anserm allergnedigsten Herrn treu, gehorsamb unnd gewerttig zu sein, r Kays. May. Nutz unnd Frommen fürdern, Nachtheil unnd Schaden er warnnen unnd zu wenden, unnd nachdem Ihr zu Ihrer Kays. May. ch in Deroselben Mundtkuchel gnedigst auf- unnd angenommen, so llet ihr, wass euch von Ihr Kays. May. Kuchelmaister, Contralorn unnd chmahls von dem Mundtkoch oder wer jederzeit dieselben Plätz ver- tt, in Ihr Kays. May. Dienst zu verrichten befohlen oder auferlegt rdt, dasselbe ohn einige Widerred, mitt höchstem Fleiss gehorsamblich sten, thuen unnd verrichten, auch sonst euch in allem dermassen ge- u unnd ehrlich verhalten wollet, wie das einem ehrlichen, getreuen ener unnd Koch seinem Herrn, (dem er) mit Aidt unnd Pflicht ver- nden ist, unnd zuestehet, getreulich unnd ohne Gefehrde.

Kuchenthürhütter.

Ihr sollet geloben unnd schwehren, dem allerdurchleüchtigsten, Unnserm allergnedigsten Herrn getreu, gehorsamb unnd gewerttig zu sein, Ihrer Kays. May. Nutz unnd Frommen fürdern, Nachtheil unnd Schaden zu warnnen unnd zu wenden, unnd nachdem Ihr Kays. May. euch jetzo zu Deroselben Kuchelthürhitter gst. an- unnd aufgenommen, so werdet unnd sollet ihr fleissig Achtung darauf haben, das ihr Niemanden, es sey wer der wölle, der nicht in die Kuchel gehörig oder darinn nichts zu thuen hatt, sonderlich aber keine verdächtige unnd frembde Personen, einlassen, sondern dieselbe ab- unnd weegschaffen, wass euch auch der Obr. Mundtkoch oder ein Anderer, der solchen Platz ettwann vertritt, allzeit befehlen wirdt, demselben mitt allem Fleyss unnd Gehorsamb ohne Widersprechen, so vil müglich, euch erzaigen, unnd solches vollziehen, auch sonsten Alles das thuen unnd handlen, wass einem getreuen Kuchelthürhüeter zugehort unnd er zu thuen schuldig ist, Alles getreullich, gehorsamblich unnd ohne Gefehrde.

Mundtwäschin.

Ihr werdet globen und schweren, dem allerdurchleüchtigsten, Unnserm allergnedigsten Herrn getreu, gehorsamb unnd gewerttig zu sein, Deroselben Nutz unnd Frommen zu fürdern, Nachtheil unnd Schaden aber zu warnnen unnd zu wenden, unnd nachdem euch Ihr Kays. May. zu Dero Mundtwäschin gst. aufgenommen, die Tischticher unnd Salvet, so für Ihr May. gehören unnd die euch Derselben Ob- unnd Undersilbercammerer oder, wer zu jederzeitt denselben Platz vertrit, zu waschen gibt, oder durch die Silberdiener unnd Tafeldecker geben lasset, underschiedtlich unnd von anderer Wesch abgesondert, rein unnd fleyssig mitt aigenen Händen waschen, trucknen unnd zusammen legen, mitt Niemandt frembden dieselben gen Hof schickhen, sondern selbst damit gen Hof gehen, unnd nach der Zahl, wie ihrs von dem Silberdiener unnd denen Tafeldeckhern empfangen habt, also ohne Abgang widerumb überantwortten, unnd sonst Alles das thuen unnd handlen, was einer getreuen Mundtwäschin bey Ehr unnd Aydtspflicht zue thuen gebüehrt unnd zuestehet, getreulich unnd ohne Gefehrde.

Kuchenbueben.

Ihr sollet geloben unnd schwehren, dem allerdurchleüchtigsten, Unserm allergnedigsten Herrn getreu gehorsamb unnd gewerttig zu sein, Ihrer Kays. May. Nutz unnd Frommen fürdern, Schaden unnd Nachtheil zu warnnen unnd zu wenden unnd auch sonderlich, wass euch der Mundtkhoch oder ein Anderer, der solchen Platz vertritt, alzeitt befehlen werden, demselben mitt allem Gehorsamb ohne Widersprechen, so vil müglich, euch erzaigen unnd volziehen, auch sonst Alles das thuen unnd handlen, das einem getrewen Kuchenbueben zugehört, bey Vermeidung seines Aydts unnd Pflichts nach gebüert unnd zu thuen schuldig ist, Alles treulich unnd ohne Gefehrde.

Leilacken-Wäscherin, Extrafrauenzimmer-Menscher.

Die allerletzte Stufe in dieser Rangordnung waren die Strapazier-Menscher und die Dreck-Weiber, die zur Verrichtung der ganz groben Arbeit wie Holztragen, Aufwaschen und ähnliches herangezogen wurden. Die weiblichen Bediensteten als „Menscher" zu bezeichnen, hatte früher keinen geringschätzigen Beigeschmack. Am Land gebraucht man noch heute diese Bezeichnung.

Zu Lebzeiten des Kaisers Franz Joseph dirigierte die Hofküche der Oberstküchenmeister Wolfgang Graf Kinsky von Wchynic und Tettau, dem drei Hofkontrollore, zwei Hauptrechnungsführer, drei Hoftafelinspektoren und die Beamten des Hof-Zehrgarden unterstellt waren. In der Hofküche selbst walteten die Hof-Kücheninspektoren, die Hof-Chefköche, die Hofköche, die Hof-Zuckerbäcker.

Für Diners für rund dreißig Personen mußten jeweils ein Chefkoch und vier bis sechs Hilfsköche mit dem nötigen Hilfspersonal zum Dienst eingeteilt werden. Bei Bällen, Galadiners und Ball-Buffets arbeiteten 50 bis 60 Bedienstete in der Hofküche, darunter allein 40 vom Hauspersonal.

Die Lakaien wurden in sechswöchigen Servierkursen an einer Hoftafel abgerichtet. Jeweils vier Mann mußten zusammenarbeiten: der „Schüsselmann" trug die Gerichte auf und dirigierte den „Saucenmann", den „Weinmann" und den „Leiblakai", der abzuservieren hatte.

Lehrmädchen waren niemals zugelassen und, mit wenigen Ausnahmen, wurden auch keine Lehrjungen aufgenommen.

Die Chef- oder Mundköche waren in früheren Zeiten zumeist Franzosen, wie die Chefköche Martin, Dupon, Cyprien, Narciss und Pillon. Dann kamen Angehörige anderer Nationen hinzu wie die Hofköche Kaiser, Mayer, Koch, Fleischhacker, Goldschmid, Wildauer und die hervorragenden Küchenmeister und Mundköche Skoda und Weber. Die Chefköche waren nicht nur angesehene Personen, sondern sie konnten sich auch mit ihrem Jahresgehalt von durchschnittlich brutto 6.000 Kronen (1904) (= rd. 280.000 Schilling) einen guten Lebensstandard leisten.

Ein besonders ehrwürdiger Hof-Kücheninspektor war *Karl Kienberger,* geboren 1813, der sich rühmen konnte, so wie einst der Feldherr Prinz Eugen, unter drei Kaisern gedient zu haben. Zuerst war er Chef der Mehlspeisküche, später Mundkoch und diente noch unter Kaiser Ferdinand dem „Gütigen". Er arrangierte die großen Diners für die Bälle und Hoffeste in Wien, Budapest, Ischl und Gödöllö. Ihm unterstanden drei Chef-Hofköche sowie etwa zwanzig Unterköche. Für die Handlangerarbeiten waren sechs Küchendiener, sechs Dienerinnen und einige Holzträger zugeteilt.

In seiner 52jährigen (!) Dienstzeit war er für die jüngeren Köche ein vorbildlicher Lehrherr und er behandelte diese wie ein wahrer Vater. Zu seinem 50jährigen Dienstjubiläum am 24. November 1894 wurde ihm vom Kaiser das Goldene Verdienstkreuz mit der Krone verliehen.

In den letzten zehn Jahren des Bestandes der Hofküche, also bis zum Jahre 1918, waren als Vorstände der Hofküche die Kücheninspektoren *Otto Desbalmes* und *Karl Tlaschek* eingesetzt.

Desbalmes war Schüler des Altmeisters der Mehlspeisküche, Anton Radlmacher († 10.7. 1895). Ihm und Tlaschek unterstanden die Hofköche R. Munsch, A. Rußwurm, H. Germershausen, A. Häring, F. Hampel, L. Troszt, K. Soukup, A. Spörk, A. Gaus und E. Fiska. Außerdem noch die provisorischen Hofköche, sechs Offiziendiener, zwei Hofküchenmägde und fünf Frauen.

Der letzte Chefkoch war *Rudolf Munsch*. Er wurde am 24. November 1865 geboren als Sohn des ehemaligen Besitzers des Hotels „Munsch", Franz X. Munsch, in Wien I., Neuer Markt Nr. 5. Das Haus war vorher als Restaurant „Zur Mehlgrube" stadtbekannt. Heute befindet sich an dieser Stelle das Hotel „Ambassador".

Rudolf Munsch absolvierte die Lehre als Koch im Hotel „Imperial" am Ring. Am 1. Jänner 1888 wurde er zum Bestallungskoch 2. Klasse in der Hofküche ernannt – Jahresgehalt 800 Gulden (= 72.000 Schilling), gelangte dann in die 1. Klasse und wurde schließlich noch vor Kriegsende, am 17. August 1918, Chefkoch des Kaisers Karl.

Der Hofkoch und letzte Chefkoch Rudolf Munsch

Neun Jahre lang war er der Kaiserin Elisabeth als Koch zugeteilt und begleitete sie nach Budapest, Gödöllö, Ischl und zur Hermes-Villa in Wien-Lainz. Dann machte er die Manöver- und Jagdreisen des Kaisers Franz Joseph mit, wobei er auch mit den Quartierregelungen betraut wurde. Nach dem Tode Franz Josephs war er mit dem Kaiserpaar Karl und Zita in Schloß Laxenburg und im Kaiserhaus in Baden bei Wien. Im Oktober 1917 kam er in das Hauptquartier des Kaisers im Hotel „Laurin“ in Bozen. Als er endlich, 1918, zum Hofküchenchef ernannt wurde, hatte er bereits 31 Dienstjahre hinter sich. So lange hatte er warten müssen, da die ihm vorgereihten Chefköche 40 und sogar 50 Jahre lang dienten.

Rudolf Munsch als Kochlehrling

In seinem Nachlaß finden sich die „Erinnerungen aus der Hofküche“ und einige Menukarten, darunter zwei von der Ischler Hofküche, datiert vom 23. Juli und vom 4. August 1896. Auf der Rückseite der einen Menukarte schrieb Munsch ein Rezept auf:

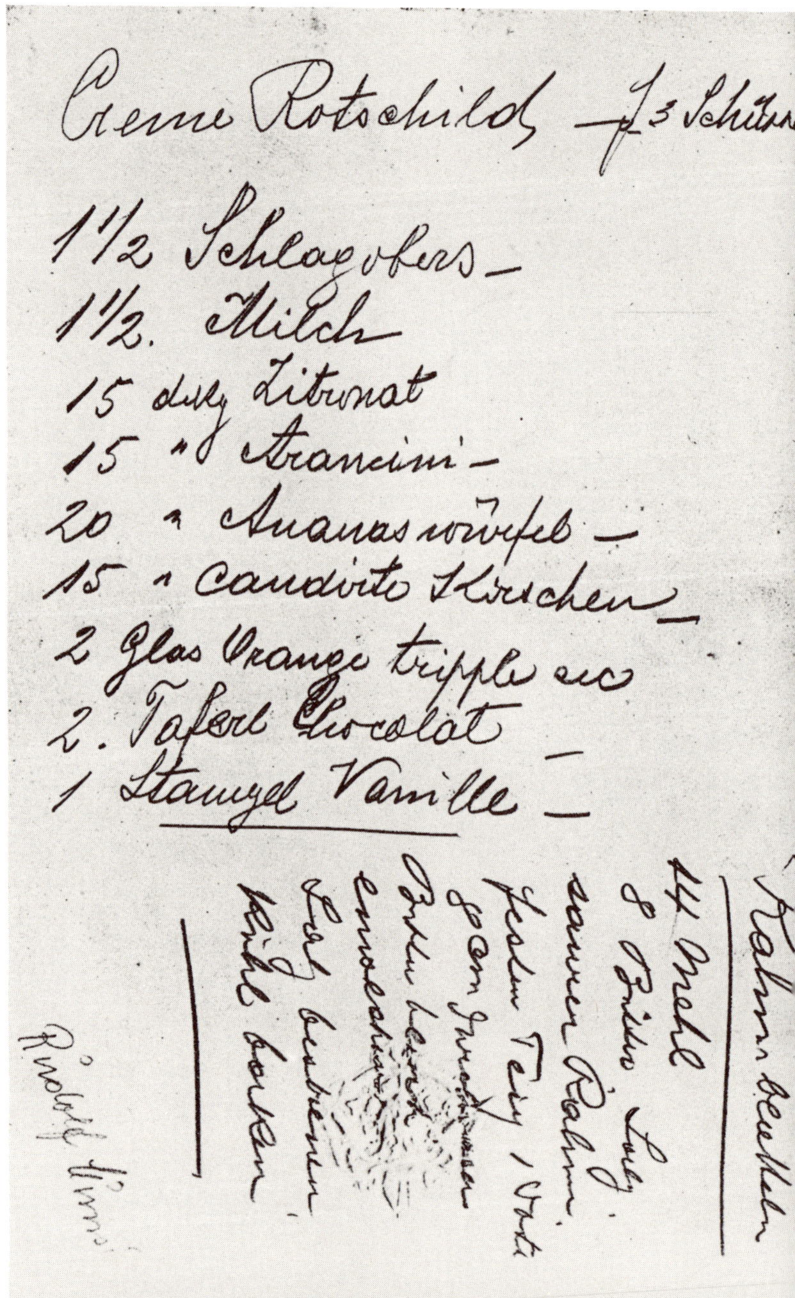

Creme Rotschild – f. 3 Schüsseln

1½ Schlagobers –
1½. Milch
15 dkg Zitronat
15 " Arancini –
20 " Ananaswürfel –
15 " candirte Kirschen –
2 Glas Orange tripple sec
2. Taferl Chocolat –
1 Stangel Vanille –

Außerdem hat er ein handschriftliches Kochbuch (um 1890) geführt, aus welchen die Rezepte wiedergegeben werden, die Bezug auf das Kaiserpaar und auf den Hof haben.

Rudolf Munsch starb am 4. März 1934.

Wieder ein Schritt siegreich vorwärts gethan auf dem Lebenswege, und ein neuer Geistesgewinn als Erfahrung heimgetragen! Nun wohlan, rufe ich mir zu, so lasset uns wirken so lange es Tag ist, ehe die Nacht kommt, da Niemand wirken kann.

Aus meinem Berufsleben.

Es mag villeicht schwer sein sich an alles oder sehr viel an vergangene Zeiten im Berufe zu erinnern, doch will ich damit einiges fest halten, damit nicht zu viel in Vergessenheit geratet. Die wirklich 35 Jahre Hof-dienst hatten so viel schönes und ich will nur z. B. herausgreifen einen Ball bei Hofe. Von diesen Pracht machte man sich keine Idee, besonders als noch der Hof. Redoutensaal nur mit tausende von Kerzen beleuchtet war. Der Ball war für 900 P. und hatten nur die Allh. Herrschaften Zutritt und war für je 10 Personen ein Mahagonitisch gedeckt ohne Tischtuch mit einem Prachtgedek und Porzellan Gold und Silber um Mitter-nacht wurde ein warmes exquisites Souper serviert. Nun kann man sich das Leben und Treiben in der Hofküche und Hofzuckerbäckerei vorstellen, dass alles zur bestimm-

./.

Kaiser Bisquit.

7 Eier Klar 7 Dotter 12 Loth Zucker 8 Loth Mehl. den Schnee sehr steif schlagen. die Hälfte feinen Zucker hinein. dann die Eidotter abrühren mit den andern Zucker sehr flaumig. den Schnee hinein und langsam das Mehl hinein. auf weißes Papier schön Bisquit aufspritzen mit feinem Zucker in einen Model gut anstauben.

Kaiser Pouding.

1/4 ℔ Butter 1/4 ℔ Zucker 10 Eidotter fein flaumig abtreiben 7 Loth fein abgerindelten in Milch eingeweichte gewürfelt geschnittene Semmel leicht vermischen. Von den Eiern den Schnee dazu geben und 1/4 ℔ Mandl. dazu kommt Chateau. besteht aus Eidotter Zucker Weisswein etwas fein geschnittene Citronenschale auf der Maschine geschlagen.

Pouding à la Princess Valerie! (*)

5 weiße Kipferln werden abgerindelt und in kleine Würfel geschnitten man gibt sie in einen Weidling und übergießt es mit 1/2 Flasche Bordeaux und 1/4 Flasche Malaga welcher mit etwas Zucker Bouquet eingedunstet wird abgekühlt darüber gegossen. man treibt 4 Loth Butter mit 8 Dotter ab rührt die geriebenen Semmeln dazu 18 Schnee und 2 Loth Bisquit Brösel in Dunst. in der Mitte kommen eingekochte Würfel mit Bisquit Würfel mit Malaga eingedunstet im letzten Moment und servirt mit Malaga und Bordeaux sauce.

Prinzeß Valerie = Erzherzogin Marie Valerie, Tochter des Kaisers Franz Joseph

Gugelhupf. Erzh. Wilhelm

8 Lot Butter 12 Lot Mehl 6 Dotter.
1 Lot Germ Milch was es verlangt. Zucker Salz (ein Gugelhupf)

I. Gugelhupf. Hofküche Lainz

10 L. Butter 5 ganze Eier 16 Loth Mehl 1 Lot Germ 1/4 Li obers.
Salz Zucker Rosinen

(Teufel) II
14 L. Butter 24 Lt Mehl 7 Eier 1/4 Li obers 1 Lot. Germ.

Lainz = Hermesvilla

Kaiser Golatschen

½ ℔ Mehl 1 Lth Germ die Hälfte Mehl Dampfel dazu kommen 6 Lth Butter 3 Lth Zucker etwas Salz und 6 Dotter abgerührt. Wenn das Dampfel gegangen in das abgerührte hinein das andere Mehl dazu und fein abschlagen auswalgen und kleine Golatschen ausstechen wie kleine [illegible] machen füllen mit Confitur mit überstreichen und backen.

Gisela Bretzel

2½ ℔ Mehl ¾ ℔ Butter 2 Eier 3 Lth Germ 2 Löffel Zucker 3/10 Litl. Obers wird wie bei Savarein nur der Butter wird zuletzt wie bei Brioche kalt gearbeitet Oberfläche wie bei Butterteig die Größe ist gross u Quadrat ☒.

Gisela = Erzherzogin Gisela, Tochter Kaiser Franz Josephs

Madeleine Th. M.

¼ ℔ Butter 20 Lth Zucker 8 Dotter 8 Schnee Limoniegeschmak. ½ ℔ Mehlbuder in Muschelform backen.

Zuckerteig Th. M.

6 Lth Butter ¼ ℔ Mehl 2 Dotter 2 Lth Zucker wasser.

Beignet à la Berlinois v. (Gödöllö)

½ Maß Milch mit 8 Lth Butter 4 Lth Zucker etwas Zimmt aufkochen dann so viel Mehl daß ein dicker Brandteig wird wenn der Teig kalt ist 6 Dotter 4 ganze Eier u eine gute Hand voll Mandelbröseln hinein dann macht man kleine Croquett einwalzen in Mandelbröseln und aus dem Schmalz backen mit Orange Creme servieren.

Kaiser Gugelhupf

½ ℔ zerlassene Butter gut abtreiben nach u nach 12 Dotter ¾ ℔ Mehl 4 Lth Zucker 1 Lth Germ Salz etwas Obers Vanille Rosinen langsam backen. — andere Art: ½ ℔ Butter 12 ganze Eier ½ ℔ Mehl geschmack nach belieben 2 Lth Germ Salz Zucker.

Königsbrödchen

2 Seitl Milch 8 Lth Butter 2 Lth Zucker etwas Salz aufkochen rühren 16 Lth Mehl hinein und solange rühren bis sich der Teig von dem Casserol glatt ablöst, nun läßt man es auskühlen und kommen 4 ganze Eier 5 Dotter Salz und etwas Schlagobers hinein, und Zitronenschale.

Daraus werden fingerdicke Würstchen gemacht mit Ei bestrichen und groben Zucker bestreut und lichtbraun langsam gebacken. etwas auf der Seite aufgeschnitten und mit Marillen od Creme gefüllt.

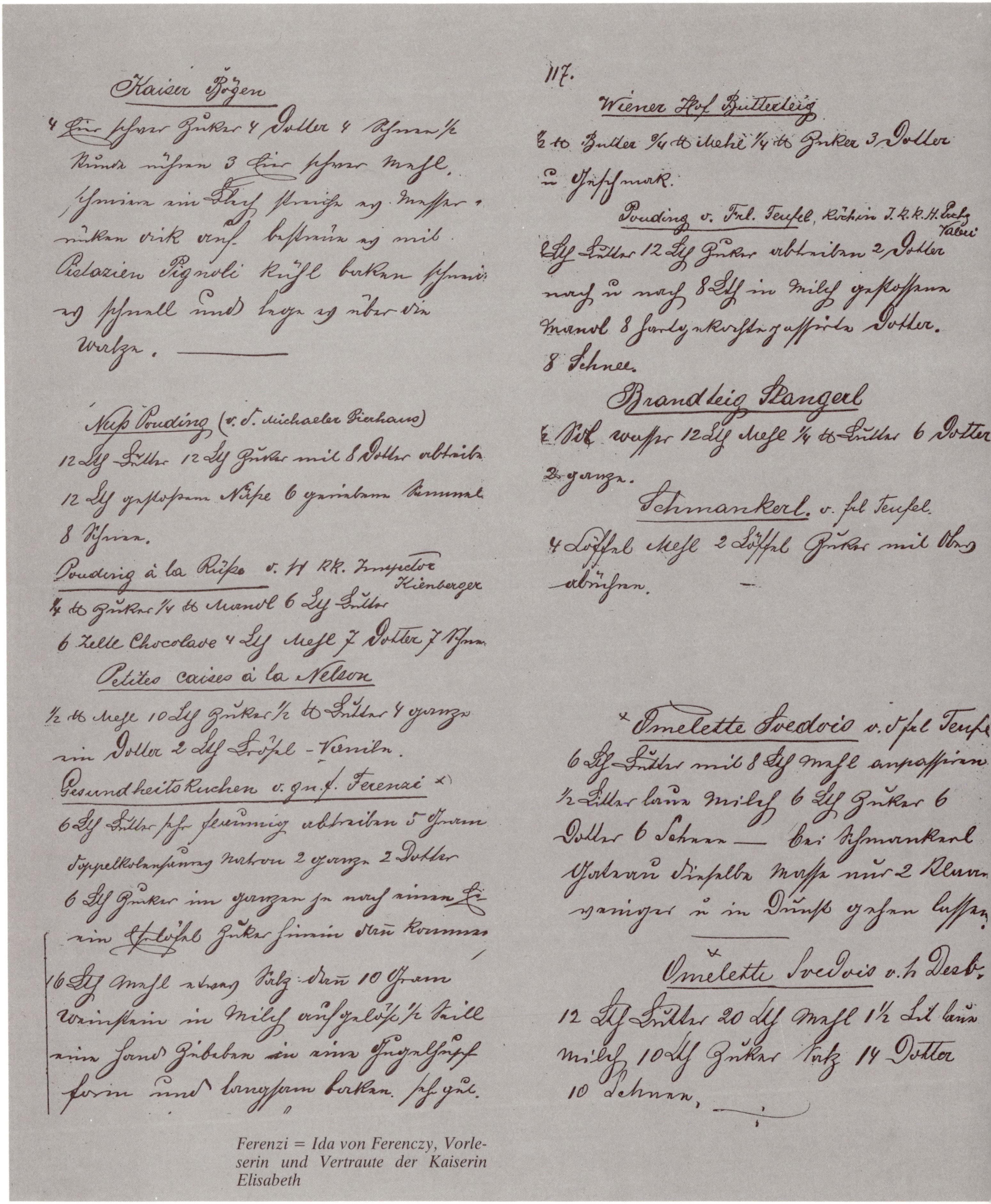

Kaiser Bögen

4 Eier schwer Zucker 4 Dotter 4 Schnee 1/2 Stunde rühren 3 Eier schwer Mehl. Schmiere ein Blech streiche es messer rücken dick auf. bestreue es mit Pistazien Pignoli Kiefel backen schneide es schnell und lege es über den Walze.

Nuß Pouding (v. S. Michaeler Pfarrhaus)

12 Lth Butter 12 Lth Zucker mit 8 Dotter abtreiben 12 Lth gestoßene Nüsse 6 geriebene Semmel 8 Schnee.

Pouding à la Russe v. H. KK. Inspector Kienberger

1/4 lb Zucker 1/4 lb Mandel 6 Lth Butter 6 Zelte Chocolade 4 Lth Mehl 7 Dotter 7 Schnee

Petites caises à la Nelson

1/2 lb Mehl 10 Lth Zucker 1/2 lb Butter 4 ganze ein Dotter 2 Lth Löffel - Vanille.

Gesundheitskuchen v. gn. f. Ferenzi ×

6 Lth Butter sehr feaumig abtreiben 5 Gram Doppelkohlensaures Natron 2 ganze 2 Dotter 6 Lth Zucker immer ganze je nach einem Ei ein Eßlöffel Zucker hinein dann kommen 16 Lth Mehl etwas Salz dann 10 Gram Weinstein in Milch aufgelöst 1/2 Seidl eine Hand Zibeben in eine Gugelhupf form und langsam backen. sehr gut.

117.

Wiener Hof Butterteig

1 lb Butter 3/4 lb Mehl 1/4 lb Zucker 3 Dotter u Geschmack.

Pouding v. Frl. Teufel, Köchin I. K.K. H. Erzh. Valerie

6 Lth Butter 12 Lth Zucker abtreiben 2 Dotter nach u nach 8 Lth in Milch gestossene Mandel 8 hartgekochte passirte Dotter. 8 Schnee.

Brandteig Stangerl

1 Seidl Wasser 12 Lth Mehl 1/4 lb Butter 6 Dotter 2 ganze.

Schmankerl. v. frl Teufel.

4 Löffel Mehl 2 Löffel Zucker mit Obers abrühren.

× Omelette Suedois v. Frl Teufel

6 Lth Butter mit 8 Lth Mehl anpassiren 1/2 Liter laue Milch 6 Lth Zucker 6 Dotter 6 Schnee — bei Schmankerl gebraucht dieselbe Masse nur 2 Klaubn weniger u in Dunst gehen lassen.

× Omelette Suedois v. d. Desb.

12 Lth Butter 20 Lth Mehl 1 1/2 Lit laue Milch 10 Lth Zucker Salz 14 Dotter 10 Schnee.

Ferenzi = Ida von Ferenczy, Vorleserin und Vertraute der Kaiserin Elisabeth

Riz à l'Impératrice.

6 Dotter in einen Kasserol mit Vanilie Zucker abrühren und daraus Obers und aufstellen genügend heiß werden lassen den gekochten Reis hinein nicht zu viel und en Bain marie in der Rohr langsam cochiren dann auskühlen lassen. Nun streicht man es dann in die Geschirrbüchse und gefriert es dann schlägt man einen guten Obersschaum, mischt ihn darunter und gefriert noch gut gibt noch genügend geschnittene candirte Früchte od. geschnittenes Compot und ein Glas Rum od. Marasquin hinein füllt es in eine Cuppelform gibt selbe gut in Eis und serviert wenn nöthig.

(Bäckerei) **Meerfeld Bretzen.** von Gräfin Meerfeld aus Ischl. für Ihre Majestät.

½ Ltr Mehl 10 Lth Butter 1 Lth Germ 1 Lth Zucker Salz Obers ¼ Theil von Mehl zum Dampfel mit ~~dem Wasser [illegible]~~ überarbeiten mit Ei überstreichen Kümmel und Salz bestreuen. Den Teig mit dem Dampfel [illegible] hinein

x. Zucker Blätter. v. h. Ot. Depalm.

7 Loth Zucker 7 Loth Butter 7 Loth Mehl 1 ganzes Ei mit der Hand gut abarbeiten ausrollen runde Scheiben ausstechen mit Ei überstreichen ein Kranz einschneiden u. backen. [sehr gut].

Ot. Depalm = Chefkoch Otto Desbalmes

x. Englische Caks v. Frau v. Ferenzi.

50 Deka Zucker 7 ganze Eier 12 Gramm gestoßenes Hirschhornsalz ½ Stange Vanille fein dies zusammen eine Stunde rühren dann hinein eine kleine Kaffeeschale laue Milch und 50 Deka Mehl gut einrühren zugedeckt 24 Stunden stehen lassen dann kommen noch 50 Deka Mehl hinein. Nun gibt man den Teig stückweise auf's Brett ausrollen messerrückendick diese Muster od./und ausstechen auf ein bebuttertes Blech legen und schnell backen goldgelb.

x Genois v. Frl. Teufel.

8 Loth Zucker 2 ganze 3 Dotter 8 Loth Butter 8 Loth Mehl. Eier u. Zucker etwas warm schlagen dann die laue Butter hinein 2 Stunden und das Mehl.

Frl. Teufel = Therese Teufl, Mundköchin der Kaiserin Elisabeth

Ein Oberküchenchef des Kaisers Franz Joseph war ein Ungar namens Perski. Er kam auf ungewöhnliche Art zu seiner Stellung. Der Kaiser speiste eines Tages bei dem Grafen von Rheingaum einen Wildschweinkopf, der ihm ganz besonders mundete; der Regent äußerte sich lobend über den Koch. Als der Kaiser wieder nach Wien zurückgekehrt war, traf kurz darauf ein großes Paket in der Hofburg ein, dem sich, als es geöffnet wurde – etwas schwer atmend, sonst aber frisch – Perski, der Koch des Grafen herausschälte. Der Kaiser nahm huldvoll und belustigt die Sendung an, und der ungarische Koch erhielt einen Posten in des Kaisers Mundküche.

Hofkoch *Adolf Rußwurm* hat über dreißig Jahre in den Küchen der Hofburg und im Schloß Schönbrunn gedient. Unter seiner Leitung wurden die festlichen Diners und Soupers zusammengestellt, die anläßlich der Besuche ausländischer Fürstlichkeiten gegeben wurden. Er stand beim Kaiser, den er oft auf Jagden und Reisen begleitete, damit der Kaiser stets sein gewohntes Menu erhalte, in besonderer Gunst. Besonders bewährte sich Rußwurm während einer Krankheit des Kaisers, als er dessen vorgeschriebene Diätkost zubereitete. Als Anerkennung schenkte ihm der Monarch eine goldene Doppelmanteluhr, auf deren Innendeckel der Namenszug des Kaisers in Brillanten eingearbeitet war. Rußwurm verstarb im Dezember 1949 im 87. Lebensjahr im niederösterreichischen Zeiselmauer.

Der Hofkoch *Friedrich Hampel*, geboren 1868 in Wien, war zuerst, ab dem Jahre 1883, Patissier in Paris. Zwei Jahre später trat er in die Hofküche des Königs Milan von Serbien ein und wiederum zwei Jahre darnach kam er in die Hofküche des Erzherzogs Friedrich in Preßburg. 1889 war er bereits Chefkoch des österreichischen Gesandten in Den Haag, Baron Otto von Walterskirchen. Im darauffolgenden Jahr leitete er die Hofküche der Prinzessin-Witwe Helene Fürstin von Thurn und Taxis, der Schwester der Kaiserin Elisabeth, im Schloß Regensburg. Von dort gelangte er in die k.u.k. Hofküche in Wien.

Im Jahre 1914 gab er einen „Kochkunst-Kalender“ heraus, erschienen im Verlag des Verbandes der Köche Österreichs. 1915 folgte ein „Rezeptbuch für Teegebäck, Mehlspeisen und Getränke“. Bei der Wiener Kochkunst-Ausstellung im Jahre 1912, die unter dem Protektorat der Erzherzogin Maria Josefa stand, war auch sein preisgekröntes Kochbuch „Lucullus“ dabei. Hampel wohnte auf der Wieden, Hauptstraße 37.

Hofkoch *Karl Soukup* diente zwei Jahrzehnte unter Kaiser Franz Joseph. Nach dessen Tode wurde er Mundkoch des Kaisers Karl und begleitete ihn auf allen Reisen. Als er sich beim Thronfolger Karl vorstellte, meinte dieser: „Wann'S mich gern haben, dann geben Sie mir niemals Schweinernes!“ Während seiner Reisen kam Kaiser Karl öfters in die Küche des Hofes und schaute gerne in die Töpfe – er war ein richtiger „Häferlgucker“. Daneben hantierte er auch gerne mit dem Küchenmörser. Im Jahre 1918 begleitete Soukup den Kaiser nach Konstantinopel.

Hofkoch Friedrich Hampel, Autor des Kochbuches „Lucullus“

Hoftafelinspektor Franz Dusik

War der Kaiser zur Inspektion an der Front, so ließ Soukup ihm das Essen in einem Thermophor bringen.

General der Kavallerie Graf Berchtoldsheim, bei dem Soukup in seiner ersten Stellung als Koch beschäftigt war, wurde von ihm als besonderer Gourmet geschätzt: „Der einzige, der vom Essen etwas verstand", war sein Urteil über den Grafen. Als Soukup über Befürwortung des Generals in die Hofburg als Bestallungskoch 3. Klasse, der untersten Rangstufe, eintrat, sagte zu ihm sein Vorgesetzter: „Hier hat jeder zwei Gesichter. Sie werden eine Zeitlang brauchen, um sich einzugewöhnen." Neid und Intrigen gab es – wie immer im Hofleben – auch im Bereich der Hofküche.

Beim letzten Hofball im Jahre 1907 nahm Soukup die Gelegenheit wahr, ein besonderes Meisterstück herzustellen. Es war dies die genaue Miniaturkopie des Pariser Eiffelturmes, ca. 75 Zentimeter hoch, aus erlesenem Hühner- und Wildhaschée verfertigt, mit Aspik übergossen. Noch im Jahre 1934, also fast dreißig Jahre später, konnte man diese appetitliche Sehenswürdigkeit der ehemaligen Hofküche im Depot der Bundesmobilienverwaltung entdecken.

Der Hofkoch *A. Spörk* war der Koch zweier Kaiser: sowohl Kaiser Franz Josephs als auch Kaiser Karls, den er auch nach dem Umsturz ins Exil nach Madeira begleitete. Dem alten Kaiser Franz Joseph hat Spörk bis zu dessen Ableben die Speisen zubereitet. Dabei wurden die Menuzusammenstellungen in Übereinstimmung mit dem Oberstküchenmeister und dem kaiserlichen Leibarzt Dr. Kerzl vorgenommen.

Eine Hofgärtnerin in Schönbrunn, Frau *Maria Tuma,* durfte sich rühmen, dem Kaiser Franz Joseph ihre selbstgekochten Zwetschkenknödel,

Hoftafelinspektor Anton Grill

eine echte Wiener Mehlspeise, aufgetischt zu haben. Am 25. August 1979 feierte diese Gärtnerin-Köchin ihren 101. Geburtstag und da sagte sie zu den sie interviewenden Zeitungsleuten: „Der Kaiser war so anspruchslos, mit einem kleinen Stückerl Rindfleisch war er schon zufrieden, er aß ja so wenig. Heutzutage wäre man mit dem Essen, das für die Leute in der Hofküche gekocht wurde, nicht zufrieden. Der Kaiser aber war's!"

Die Hofköche hatten zwar einen schweren Dienst, aber sie wurden auch mit Auszeichnungen und Orden überhäuft. Nicht nur der Kaiser dekorierte sie für ihre Verdienste, auch die ausländischen Potentaten zeigten ihre Zufriedenheit als Gäste an der kaiserlichen Tafel durch Überreichung von Geschenken und Orden an das Küchenpersonal.

Die Hofköchin der Kaiserin Elisabeth, Therese Teufl

Rechte Seite: Die Gala-Uniform der Hofdienerschaft

Noch in den frühen Regierungsjahren des Kaisers Franz Joseph gab es nur männliche Köche. Eine Köchin sah man mit scheelen Augen an. Im Jahre 1830 schrieb ein Experte auf bissige Art: „Bei der Köchin sieht die Küche wie ein Waschhaus aus." Und 1899 herrschte noch immer die Meinung vor, daß in die feine Küche keine Köchin, sondern einzig und allein Köche hineingehören.

Allerdings – Ausnahmen bestätigen die Regel. Kaiserin Elisabeth – immer in Opposition gegen Hofreglements – hatte in ihrer kleinen Separatküche in den Parterre-Räumen des Amalientraktes eine Köchin: *Therese Teufl.* Sie war Hofköchin und Mehlspeisköchin und genoß das volle Vertrauen der Kaiserin. Wie ihre männlichen Kollegen trug auch sie bei feierlichen Anlässen eine vorschriftsmäßige Dienstuniform und zu dieser gehörte der Beamten-Zweispitz und der Degen. Sie wohnte im Amalientrakt der Hofburg und erreichte das schöne Alter von 94 Jahren.

Die Hofköche hatten bei großen Gottesdiensten, wenn nötig bei Bällen, bei Hoffestlichkeiten, in der Hofoper, im Burgtheater – bei Theater parée –, Empfängen hoher Fürstlichkeiten, im Schönbrunner Schloßtheater oder in Budapest in der Uniform der Hausoffiziere zu erscheinen: roter Galarock, rokokoartig mit Gold bestickt, silberweiße, kurze Hose, Seidenstrümpfe, Schnallenschuhe, Zweispitz und Degen. Außer dieser Galauniform hatte jeder noch eine Campagne-Kleidung: brauner Rock mit Goldzierart und brauner Dienstmantel.

Der größte Teil des Hofküchenpersonals wohnte außerhalb der Burg, jedoch war jeweils ein Beamter als „Inspektionsdienst" über Nacht anwesend, da bereits um fünf Uhr morgens das erste Frühstück für den Frühaufsteher Franz Joseph serviert werden mußte. Um diese Zeit arbeitete der Kaiser schon so intensiv, daß er dieses Frühstück vergaß und sich dann beklagte, daß er nie ein warmes Frühstück bekomme.

Nach dem Ableben der Kaiserin Elisabeth, 1898, wurde der Personalstand der Hofküche und der Hofzuckerbäckerei reduziert und statt-

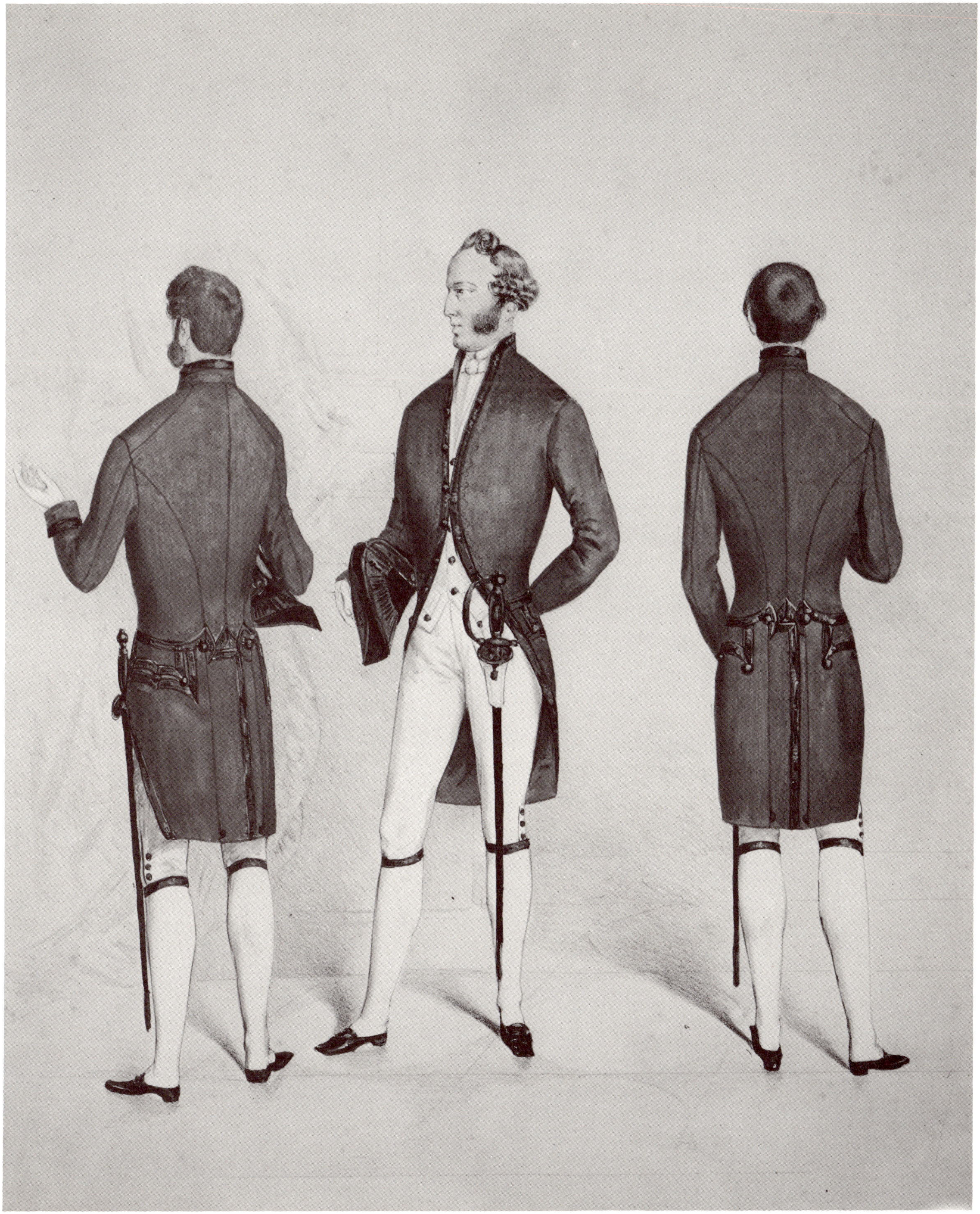

rechts:
Oberstküchenmeister
Karl Freiherr von
Rumerskirch

Hofkoch Rudolf
Munsch in der Beamten-
uniform.

dessen zeitweilig, vor allem bei Manövern, Hofbällen, Hofjagden, Seereisen, bei Séjours in Ischl, Gödöllö, Budapest oder zum Servieren im Eisenbahnwagen, Aushilfskräfte eingestellt. Als der bereits erwähnte Sparmeister des Hofes, Sektionschef Hofrat Franz Wetschl, 1897 die Leitung des Hofwirtschaftsamtes übernahm, war seine erste Maßnahme, die Deputate der Hofbediensteten beträchtlich einzuschränken.

Der Vertreter des Oberstküchenmeisters August Graf von Bellegarde war der Oberstabelmeister Karl Freiherr von *Rumerskirch.* Nach dem

Tode des Thronfolgers Franz Ferdinand wurde Rumerskirch zum Oberstküchenmeister ernannt. Geboren im Jahre 1886, kam er als Kadett in die Kavallerieschule in Mährisch-Weißkirchen, trat dann in die Leibgarde-Eskadron ein und wurde zum „Vortänzer bei Hof" ernannt. Bei Erzherzog Franz Ferdinand hatte er als Dienstkämmerer fungiert. Er war der letzte aller Oberstküchenmeister. Ihm zur Seite stand der Direktor des Hofwirtschaftsamtes, Karl Baron Prilesky von Prilesz.

Unter Kaiser Karl I. drängten sich die Beamten und Hofbediensteten zur Hoftafel, sodaß in der Kriegszeit bis zu 8000 Personen bewirtet wurden. Es ist ja auch nicht zu verwundern, denn wer suchte nicht in diesen Zeiten, wo Schmalhans in der Küche regierte, den noch immer verhältnismäßig gut gedeckten Tisch.

Wieviel ein Hofkoch verdiente

Nachdem nun die bedeutendsten Hofköche vorgestellt wurden, ist es nicht uninteressant zu erfahren, wie ihre Gehälter aussahen und welchen Lebensstandard sie sich daher leisten konnten. Das Verzeichnis der Bezüge der Bediensteten der Hof-Mundküche, Partie 38, für Dezember 1904, kontrolliert und mit Kupon versehen vom Rechnungs-Departement Sr. k.u.k. Maj. Obersthofmeisteramt, zeigt den Unterschied der Bezüge: Chefkoch über 500 Kronen, Küchengehilfin 80 bis 90 Kronen. Wenn man die österreichische Krone von 1904 mit heutigen österreichischen Schilling 47,67 (DM 6,81) bewertet, so entspricht der Brutto-Monatsgehalt des Chefkochs Richard Skoda von 533,37 Kronen (netto 510,02 Kronen) heutigen S 25.425,– (netto S 24.312,–).

Zum Schluß dieses Kapitels seien die Küchenchefs angeführt, die bei den verschiedenen Mitgliedern des Kaiserhauses oder diesem Nahestehenden tätig waren:

	Küchenchef:
Erzherzogin Maria Therese	*Franz Fritz*
Erzherzog Franz Ferdinand	*Robert Doré*
Erzherzogin Maria Josefa	*Johann Ellmerer*
Erzh. Karl Franz Josef (Kaiser Karl)	*Katharina Tomsa*
Erzherzog Ludwig Victor	*Anna Wührer*
Erzherzogin Alice	*Marie Heinemann*
Erzherzog Leopold Salvator	*Paul Srewaducki*
Erzherzog Franz Salvator	*Marie Zeitelberger*
Erzherzog Friedrich	*Franz Zehentner*
Erzherzog Karl Stefan	*Karl Rosé*
Erzherzog Eugen	*Alois Rotter*
Erzherzog Josef	*Franz Nagy*
Erzherzogin Marie	*Josef Braun*
Obersthofmeister Fürst A. Montenuovo	*N. Stadler*
Baron Louis Rothschild	*F. Nabien*

Rechnungs-Departement
Sr. k. u. k. Apost. Maj. Obersthofmeister-amtes.

79

Control-Coupon

Nummer der Partie: 38
Name „ Hofmundküche

Verzeichnis

ctivitätsbezüge pro December 1904.

				e	Vorschuss-Ersätze und Verbote K h	Gebüren K h	Personal-Einkommensteuer K h	Besoldungssteuer K h	Taxen K h	Vereinsprämie K h	Zusammen K h	Bar erfolgt K h	
1	150	III.	Skoda	Richard		533 37	13 33	2 48		7 54	23 35	510 02	1.88
2	152	"	Weber	Emil		500 —	11 83	2 36			14 19	485 81	1.88
3	160	"	Bieberbach	Markus		400 —	9 16				9 16	390 84	1.26
4	164	"	Dostalmes	Otto		400 —	6 50		5 55	6 38	18 43	381 57	1.26
5	166	"	Bechstadt	Konrad	16 —	367 37	8 16			9 28	17 44	349 93	1.26
6	168	"	Kaschek	Karl		383 37	8 16			7 72	15 88	367 49	1.26
7	170	"	Münsch	Rudolf		383 37	6 32			6 75	13 07	370 30	1.26
8	180	"	Entremont	Albert	19 06 15 —	265 94	5 66			6 48	12 14	253 80	1.26
9	182	"	Rumraum	Adolf		283 37	5 66			6 22	11 88	271 49	1.26
10	192	"	Hampel	Friedrich	10 —	256 74	3 33				3 33	253 41	1.26
11	194	"	Germershausen	Hubert		266 74	1 99		50 —		51 99	214 75	1.26
12	196	"	Sacs	Anton		266 74	3 33				3 33	263 41	1.26
13	198	"	Traszt	Ludwig		266 74	3 33				3 33	263 41	1.26
14	202	"	Teufel	Florian		200 —	3 33				3 33	196 67	64
15	206	"	Wihedeczka	Karl		266 74	3 33				3 33	263 41	1.26
16	208	"	Häring	Anton		266 74	3 33				3 33	263 41	1.26
17	214	"	Soukup	Karl		266 71	2 —				2 —	264 71	1.26
18	222	"	Weiss	Karl		113 37	1 26				1 26	112 11	38
19	224	"	Nürnberger	Josef		113 37	1 26			2 16	3 42	109 95	38
20	226	"	Sigl	Ignaz		113 37	1 26			1 50	2 76	110 61	38
21	228	"	Seiser	Lorenz		113 37	1 26			2 —	3 26	110 11	38
22	230	"	Sax	Ignaz		113 37	1 26			2 82	4 08	109 29	38
23	234	"	Gössinger	Walter		100 —	— 80				80	99 20	38

38

Contobuch Seite	Contobuch No.	Name		Vorschuss-Ersätze und Verbote K	h	Gebüren K	h	Personal-Einkommensteuer K	h	Besoldungssteuer K	h	Taxen K	h	Vereinsprämie K	h	Zusammen K	h	Bar erfolgt K	h	
		Übertrag:				6700	79	109	55	4	84	58	88	61	17	234	44	6466	35	2610
248/6	III	~~Bauer~~	Franziska	pro November l. J.		90	—											90	—	38
"/8	"	~~Schwarz~~	Paulina			90	—											90	—	38
"/10	"	~~Lederer~~	Wilhelmine			90	—											90	—	38
"/12	"	~~Varga~~	Karoline			90	—											90	—	38
"/14	"	~~Preinfalk~~	Antonia			90	—											90	—	38
"/16	"	~~Walter~~	Katharina			80	—											80	—	26
						7230	79	109	55	4	84	58	88	61	17	234	44	6996	35	

10 à 100 — 1.000 —
238 à 20 — 4.760 —
100 à 10 1.000 —
200 —
22.
14.35
6996.35

— 10 heller statt 20 heller

Die Gramm-Vorschriften

Die Hofküche stellte die täglichen Mahlzeiten für den Kaiser, die Kaiserin, die Familienmitglieder und die hohen Beamten nach einem detaillierten Verzeichnis her, in welchem die Bezeichnung, die Mengen und die Zubereitung angeführt waren.

Hofkoch R. Munsch hat eine Liste aller Kategorien der Hofangehörigen eigenhändig aufgestellt, nach welcher er die Frühstücks- und Jausen-Rationen in der Hofküche zubereitete.

Wie bescheiden erscheint diese Verpflegung, wenn man demgegenüber aus einem Zeitungsbericht vom Jahre 1908 über den kaiserlichen Hof in Peking erfährt, was das kaiserlich chinesische Zeremonienbuch über die vorgeschriebene Verpflegungsmenge für den Kaiser und die Kaiserin von China aussagt:

„Täglich sind Sr. Majestät vorzusetzen: 15 Kilogramm Fleisch in einer Schüssel und dreieinhalb Kilogramm Fleisch zu einer Suppe zusammengekocht; 1 Kilogramm Schweinefett, 1 Kilogramm Butter, 2 Schafe, 2 Enten und 2 Hühner sowie 75 Pakete Tee. – Die Kaiserin erhält zehneinhalb Kilogramm Fleisch auf Tellern, sechseinhalb Kilogramm Fleisch mit Gemüse zusammengekocht, 1 Ente, 1 Huhn, 12 Krüge mit Wasser und 10 Pakete Tee."

Um fünf Uhr früh, im Winter um sechs, brachte der Leibkammerdiener Ketterl oder sein Vertreter das erste Frühstück in das Arbeitszimmers des Kaisers, das in der Hof-Zuckerbäckerei vom Mundkoch auf einem Spirituskocher zubereitet worden war: Schwarzer Kaffee oder Tee, auf einem siebartigen, silbernen Teller mürbes Gebäck, Butter, kalter Schinken. War die Kaiserin in Wien, was zu des Kaisers Leidwesen nur selten der Fall war, frühstückte er mit ihr in ihrem Salon im Amalientrakt zwischen acht und neun Uhr auf englische Art.

Nachdem um neun Uhr der Oberstküchenmeister auf Grund der unterbreiteten Menuvorschläge die Wünsche des Kaisers für das Déjeuner, Diner oder Souper entgegengenommen hatte, wurde zwischen elf und zwölf Uhr das zweite Frühstück, das Déjeuner, gerichtet. Der Chefkoch arrangierte die Speisen in einem Nebenzimmer, wo ein gemauerter Herd stand, in welchem auch das heiße Wasser für die Morgentoilette des Kaisers bereitet wurde. Der Kammerdiener oder Leibbüchsenspanner brachte auf einer Serviertasse die Speisen und stellte sie, so wie beim ersten Frühstück, wieder auf den kaiserlichen Schreibtisch: Suppe, gekochtes oder gebratenes Rindfleisch mit englischem Gemüse oder Geflügel, schwarzer Kaffee, ein kleines Glas bayrisches „Spatenbräu", Dreher'sches Märzen – oder Pilsner Bier oder ein Glas Rotwein, Burgunder oder Madeira.

Einmal wollte der bereits achtzigjährige Leibkammerdiener Hornung unbedingt dem Kaiser servieren. Ketterl blickte ihm mit scheelen Augen nach, als der alte Diener mit zittriger Hand die Leberknödelsuppe hineintrug. Kaum hatte sich der Alte bei der Türe umgedreht, schon landeten die Leberknödel samt Suppe auf dem Boden. Voll Schreck konnte er nur stammeln: „Bitte tausendmal um Vergebung, leg' mich Eurer Majestät zu Füßen!" (Das war die vorgeschriebene Ansprache bei Bitten oder Ansuchen gegenüber der Majestät). „Nur das nicht auch noch", wehrte der Kaiser wohlwollend ab, „zu meinen Füßen liegen ja schon die Leberknödel!"

Zwischen sechs und sieben Uhr abends – im Winter schon um fünf Uhr – gab es die Hauptmahlzeit, das Diner, zumeist im Speisesaal des Amalientraktes oder in Schönbrunn, wobei die Familienmitglieder anwesend waren. War der Kaiser allein, so wurde ein bereits gedeckter Tisch in die Mitte des Arbeitszimmers hineingestellt. Es gab drei bis sechs Gänge mit Suppe (Potage), Entrée (Fisch), Spargel, zweierlei Bratengerichte, Mehlspeise, Dessert, Kaffee, Bier, Wein, Likör, welcher täglich in der Sorte wechselte. In den letzten Lebensjahren trank der Kaiser auf Anordnung seines Leibarztes Dr. Kerzl zweimal in der Woche, Sonntag und Donnerstag, ein Glas französischen Champagner, Marke „Moet-Chandon".

Der Kaiser aß nicht viel, dafür aber rasch. Er trank nur sehr mäßig, liebte mehr das Bier als den Wein. Nach dem Essen rauchte er seine geliebte „Virginia"-Zigarre, in späteren Jahren die leichtere „Regalia Media". Als Frühaufsteher ging er auch zeitig, so um halb neun Uhr herum, zu Bett. Vor dem Schlafengehen trank er manchmal noch ein Glas saure Milch und aß dazu eine Schnitte Brot.

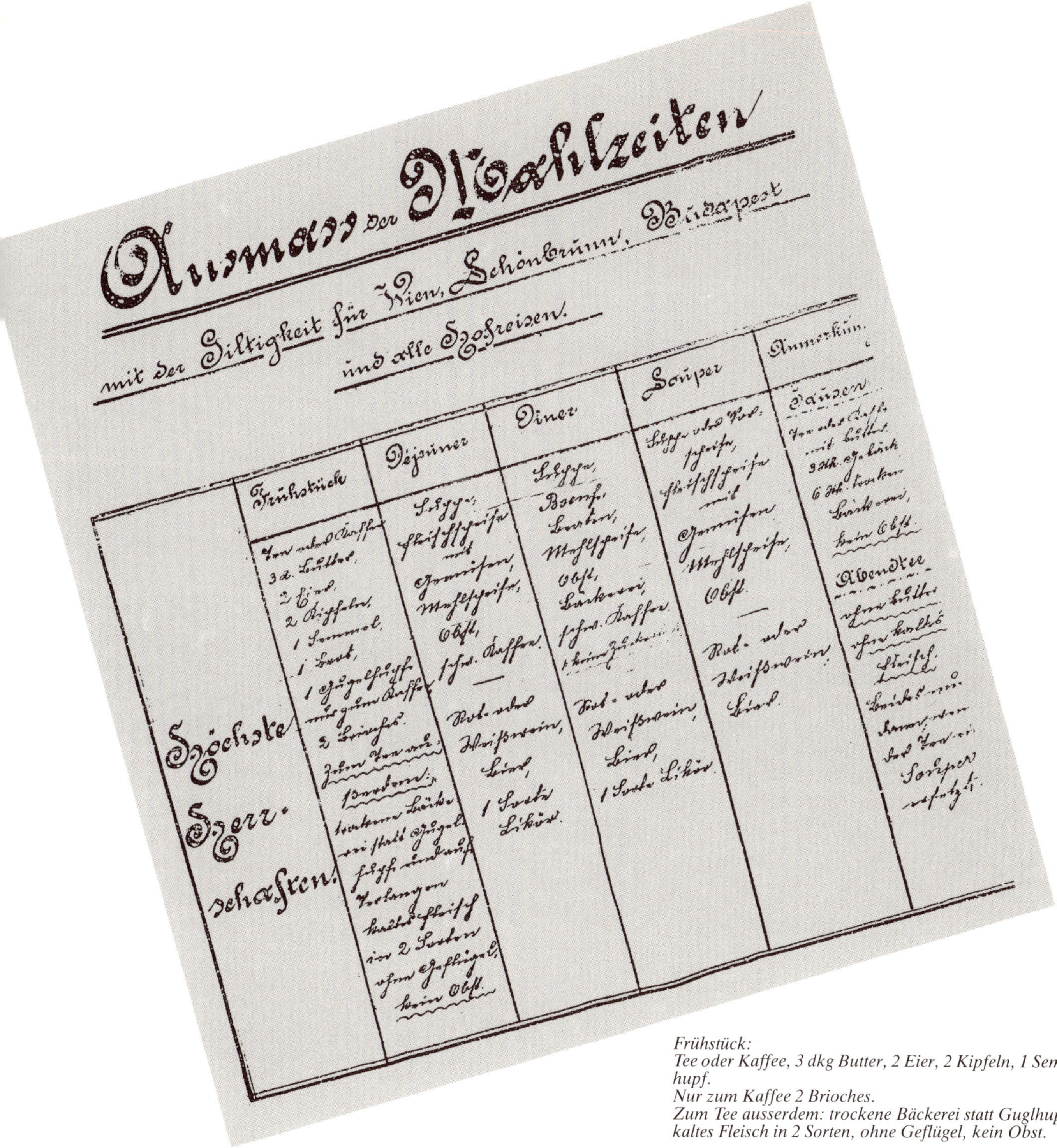

Ausmass der Mahlzeiten
mit der Giltigkeit für Wien, Schönbrunn, Budapest
und alle Hofreisen.

	Frühstück	Déjeuner	Diner	Souper	Anmerkung: Jausen
Höchste Herrschaften.	Tee oder Kaffee, 3 dg. Butter, 2 Eier, 2 Kipfeln, 1 Semmel, 1 Brot, 1 Guglhupf, nur zum Kaffee 2 Brioches. Zum Tee ausserdem: trockene Bäckerei statt Guglhupf und auf Verlangen kaltes Fleisch in 2 Sorten, ohne Geflügel, kein Obst.	Suppe, Fleischspeise mit Gemüsen, Mehlspeise, Obst, schw. Kaffee. — Rot- oder Weißwein, Bier, 1 Sorte Likör	Suppe, Boeuf, Braten, Mehlspeise, Obst, Bäckerei, schw. Kaffee, keine Zuckerln. Rot- oder Weißwein, Bier, 1 Sorte Likör	Suppe oder Vorspeise, Fleischspeise mit Gemüsen, Mehlspeise, Obst. — Rot- oder Weißwein, Bier.	Tee oder Kaffee mit Butter, 3 Stk. Gebäck, 6 Stk. trockene Bäckerei, kein Obst. Abendtee: ohne Butter, ohne kaltes Fleisch. Beides nur dann, wenn der Tee ein Souper ersetzt.

Frühstück:
Tee oder Kaffee, 3 dkg Butter, 2 Eier, 2 Kipfeln, 1 Semmel, 1 Brot, 1 Guglhupf.
Nur zum Kaffee 2 Brioches.
Zum Tee ausserdem: trockene Bäckerei statt Guglhupf und auf Verlangen kaltes Fleisch in 2 Sorten, ohne Geflügel, kein Obst.

Déjeuner:
Suppe, Fleischspeise mit Gemüsen, Mehlspeise, Obst, schwarzer Kaffee. – Rot- oder Weißwein, Bier, 1 Sorte Likör

Diner:
Suppe, Bœuf, Braten, Mehlspeise, Obst, Bäckerei, schwarzer Kaffee (keine Zuckerln), Rot- oder Weißwein, Bier, 1 Sorte Likör.

Souper:
Suppe oder Vorspeise, Fleischspeise mit Gemüsen, Mehlspeise, Obst. – Rot- oder Weißwein, Bier.

Anmerkung:
Jausen:
Tee oder Kaffee mit Butter, 3 Stk. Gebäck, 6 Stk. trockene Bäckerei, kein Obst.
Abendtee:
ohne Butter, ohne kaltes Fleisch. Beides nur dann, wenn der Tee ein Souper ersetzt.

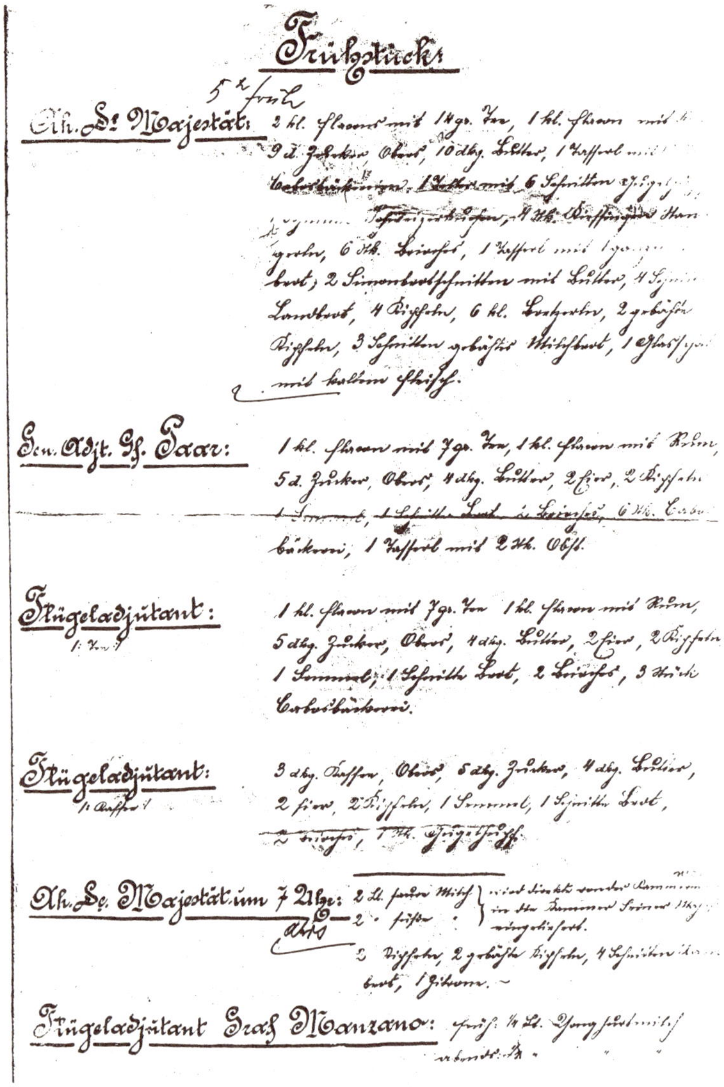

Ah.Sr.Majestät:
Um 5 Uhr früh: 3 kl. Flacons mit 14 gr. Tee, 1 kl. Flacon mit Rum, 9 dkg Zucker, Obers, 10 dkg Butter, 1 Tasserl mit 12 Stück Cabos-Bäckereien, 1 Teller mit 6 Schnitten Guglhupf, 4 Schnitten Schweizerkuchen, 4 Stk. Kissinger-Stangerln, 6 Stk. Brioches, 1 Tasserl mit 1 ganzem Milchbrot, 2 Simonbrotschnitten mit Butter, 4 Schnitten Landbrot, 4 Kipfeln, 6 kl. Bretzerln, 2 gebähte Kipfeln, 3 Schnitten gebähtes Milchbrot, 1 Glasschale mit kaltem Fleisch.

Gen.Adjt.Gf.Paar:
1 kl. Flacon mit 7 gr. Tee, 1 kl. Flacon mit Rum, 5 dkg Zucker, Obers, 4 dkg Butter, 2 Eier, 2 Kipfeln, 1 Semmel, 1 Schnitte Brot, 2 Brioches, 6 Stk. Cabos-Bäckerei, 1 Tasserl mit 2 Stk. Obst.

Flügeladjutant: (Tee)
1 kl. Flacon mit 7 gr. Tee, 1 kl. Flacon mit Rum, 5 dkg Zucker, Obers, 4 dkg Butter, 2 Eier, 2 Kipfeln, 1 Semmel, 1 Schnitte Brot, 2 Brioches, 3 Stück Cabos-Bäckerei.

Flügeladjutant: (Kaffee)
3 dkg Kaffee, Obers, 5 dkg Zucker, 4 dkg Butter, 2 Eier, 2 Kipfeln, 1 Semmel, 1 Schnitte Brot, 2 Brioches, 1 Stk. Guglhupf.

Ah.Sr.Majestät:
Um 7 Uhr abends: 2 Lt. saure Milch, 2 Lt. süße Milch (wird direkt von der Kammermeierei in die Kammer Seiner Majestät eingeliefert). 2 Kipfeln, 2 gebähte Kipfeln, 4 Schnitten Landbrot, 1 Zitrone.

Flügeladjutant Graf Manzano:
Früh: 1/4 Lt. Yoghurtmilch
abends: 1/4 Lt. Yoghurtmilch

Frühstück des Kaiserpaares im Salon der Kaiserin Elisabeth (Amalientrakt der Hofburg)

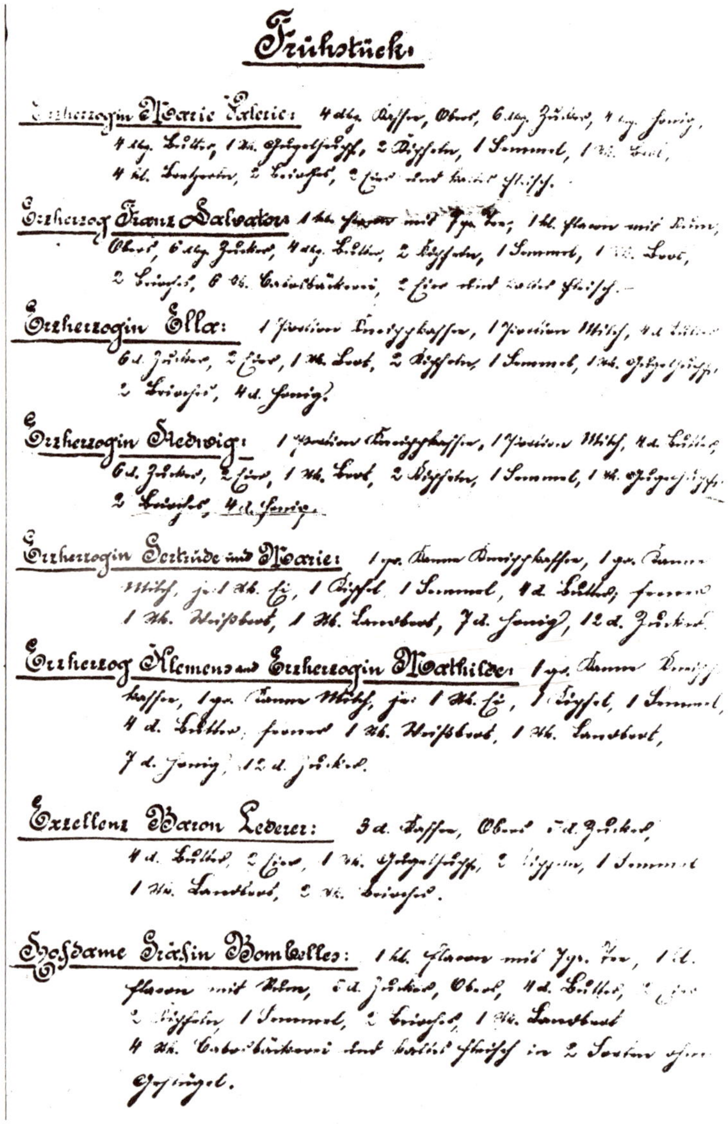

Frühstück.

Erzherzogin Marie Valerie:

Erzherzog Franz Salvator:

Erzherzogin Ella:

Erzherzogin Hedwig:

Erzherzogin Gertrude und Marie:

Erzherzog Klemens und Erzherzogin Mathilde:

Exzellenz Baron Lederer:

Hofdame Gräfin Bombelles:

Erzherzogin Marie Valerie:
4 dkg Kaffee, Obers, 6 dkg Zucker, 4 dkg Honig, 4 dkg Butter, 1 Stk. Guglhupf, 2 Kipfeln, 1 Semmel, 1 Stk. Brot, 4 kl. Bretzerln, 2 Brioches, 2 Eier und kaltes Fleisch.

Erzherzog Franz Salvator:
1 kl. Flacon mit 7 gr. Tee, 1 kl. Flacon mit Rum, Obers, 6 dkg Zucker, 4 dkg Butter, 2 Kipfeln, 1 Semmel, 1 Stk. Brot, 2 Brioches, 6 Stk. Cabos-Bäckerei, 2 Eier und kaltes Fleisch.

Erzherzogin Ella:
1 Portion Kneippkaffee, 1 Portion Milch, 4 dkg Butter, 6 dkg Zucker, 2 Eier, 1 Stk. Brot, 2 Kipfeln, 1 Semmel, 1 Stk. Guglhupf, 2 Brioches, 4 dkg Honig.

Erzherzogin Hedwig:
1 Portion Kneippkaffee, 1 Portion Milch, 4 dkg Butter, 6 dkg Zucker, 2 Eier, 1 Stk. Brot, 2 Kipfeln, 1 Semmel, 1 Stk. Guglhupf, 2 Brioches, 4 dkg Honig.

Erzherzogin Gertrude und Marie:
1 gr. Kanne Kneippkaffee, 1 gr. Kanne Milch, je 1 Stk. Ei, 1 Kipfel, 1 Semmel, 4 dkg Butter; ferner 1 Stk. Weißbrot, 1 Stk. Landbrot, 7 dkg Honig, 12 dkg Zucker.

Erzherzog Klemens und Erzherzogin Mathilde:
1 gr. Kanne Kneippkaffee, 1 gr. Kanne Milch, je 1 Stk. Ei, 1 Kipfel, 1 Semmel, 4 dkg Butter; ferner 1 Stk. Weißbrot, 1 Stk. Landbrot, 7 dkg Honig, 12 dkg Zucker.

Exzellenz Baron Lederer:
3 dkg Kaffee, Obers, 5 dkg Zucker, 4 dkg Butter, 2 Eier, 1 Stk. Guglhupf, 2 Kipfeln, 1 Semmel, 1 Stk. Landbrot, 2 Stk. Brioches.

Hofdame Gräfin Bombelles:
1 kl. Flacon mit 7 gr. Tee, 1 kl. Flacon mit Rum, 5 dkg Zucker, Obers, 4 dkg Butter, 2 Eier, 2 Kipfeln, 1 Semmel, 2 Brioches, 1 Stk. Landbrot, 4 Stk. Cabos-Bäckerei und kaltes Fleisch in 2 Sorten ohne Geflügel.

Vormittags

Erzherzogin Gertrude und Marie:
2 Stk. Obst und Butterbrot.

Erzherzog Klemens und Erzherzogin Mathilde:
je 1 Stk. Butterbrot und warme Milch in einer Kanne.

Diner

Erzherzog Klemens und Erzherzogin Mathilde:
2 Stk. Obst auf einem Tasserl.

Jause

Erzherzogin Maria Valerie:
1 Flacon mit 7 gr. Tee, 1 Flacon mit Rum, 6 dkg Zucker, Obers, 2 Kipfeln, 1 Stk. Brot, 6 Stk. Cabos-Bäckerei, 4 dkg Butter, 4 dkg Honig.

Erzherzogin Ella und Hedwig:
je 2 Stk. Obst, 4 dkg Butter, 2 Kipfeln, 1 Stk. Brot.

Erzherzogin Gertrude und Maria:
Erzherzog Klemens und Erzh. Mathilde:
Kneippkaffee, Milch, 4 Stk. Obst, 4 Stk. Butter à 4 dkg, 4 Kipfeln, 4 Stk. Brot, 4 Semmerln, 24 dkg Zucker.

Abends

Erzherzogin Gertrude, Marie, Mathilde, Erzherzog Klemens:
je 1 Teeschale mit Milch.

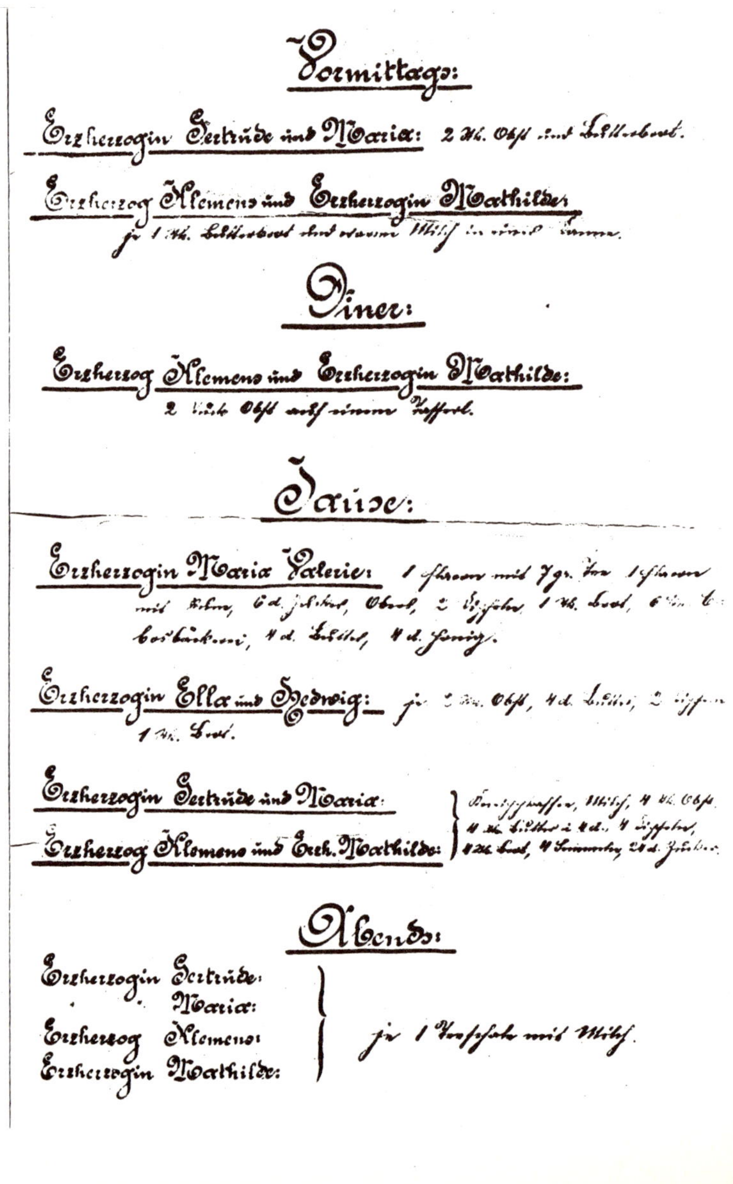

Vormittags:

Erzherzogin Gertrude und Marie:

Erzherzog Klemens und Erzherzogin Mathilde:

Diner:

Erzherzog Klemens und Erzherzogin Mathilde:

Jause:

Erzherzogin Maria Valerie:

Erzherzogin Ella und Hedwig:

Erzherzogin Gertrude und Maria:

Erzherzog Klemens und Erzh. Mathilde:

Abends:

Erzherzogin Gertrude

Marie

Erzherzog Klemens

Erzherzogin Mathilde

Menu, vom 1–15. Juli 1908.

Datum	Suppe	Rindfleisch	Braten	Mehlspeise
1.	Nudl	Täzling Sce Erdäpfel	Wr. Schnitzel Salat	Kirschenstrudel, ungez.
2.	Leg. Gries	gr. Erbsen	gef. Rostbraten m. Nockerl	Chokolad Auflauf
3.	Leberknödl	Kohl	Schweins Caré m. Salat gem.	Spritz Krapfen
4.	Pardeis	Spinat	Nierenbraten, Compote	Reis Auflauf
5.	Einmach	Essig Kren	Backhühner Salat	Dobos Schnitten
6.	Karfiol	grüne Fisolen	Zan. Lungenbraten pisi bisi	Marillen Knödl
7.	Butternockerl	Paradeis Sce Kart. Schm.	Selchcaré Erbsenpurée	Kalter Reis, Erdbeeren
8.	Reis	Kohlpflanzen	Rahm Schnitzel, Nockerl	Milchrahm Strudel
9.	Julienne	gr. Erbsen	gef. Schweinscotelettes Salat	Mohn Nudeln
10.	Leberreis	Dillen Sce Erdäpfel	Kalbsbraten, Reis	Crême Schnitten
11.	Tapioka	Kohl	Wr. Rostbraten Salat	Baisers m. Schlagobers
12.	Tirolerknödl	rote Rüben, Kart.	Brathühner Compote	Chok. Pudding
13.	Nockerl	Champig. Sce Kart.	Schweins Caré, Kraut	Erdäpfelnudeln
14.	Gries Nockerl	Spinat	Paprika Schnitzel, Nockerl	Crêmekrapferl
15.	Risotto	gr. Fisolen	Nierenbraten, Reis	Marillenknödl

Kaiser Karl speiste, wenn bei der Tafel keine Gäste erschienen, in Gesellschaft der Kaiserin, welche auch die Speisenfolge bestimmte. Getränke nahmen beide sehr wenig, am liebsten hatte Kaiser Karl den ganz leichten, ungarischen Schillerwein, der aus Szeged an der Theiß in Ungarn bezogen wurde.

Die Sommermonate verbrachte Kaiser Franz Joseph stets in seiner Villa in Ischl. Etwas abseits von dieser „Kaiservilla" gab es ein kleines Hofküchengebäude, heute von Mietparteien bewohnt. Hier bereiteten die Hofköche die Familiendiners, die um halb drei Uhr nachmittags stattfanden und an denen auch die Adjutanten, der Leibarzt des Kaisers Dr. Kerzl und der Burgpfarrer Bischof Mayer zugezogen wurden. Da der Monarch aber auch hier öfters hohe Gäste empfing, gestaltete sich der Dienst der Hofköche dann recht aufreibend, wenn große Galadiners angesetzt waren, wie anläßlich der Besuche des rumänischen Königspaares, des Königs Eduard von England, des Königs von Dänemark oder des Herzogs von Cumberland, der aus dem nahen Gmunden kam.

Frühstücke.
a Caffee.
Für Seine Majestät den Kaiser
oder Ihre Majestät die Kaiserin.
10 Dkg. Zucker
25 Dkg. Kaffee
8/10 Liter Schlagobers 4/10 L. kalt 4/10 warm
10 Dkg. frischgeschlagene Butter

Für die Cavaliere & Damen.
6 Dkg. Zucker
5 " Kaffee
7/10 Lit. Schlagobers
4 Dkg. frischg. Butter
3 Stück Gebäck

Für die fremden Allerhöchsten
und höchsten Herrschaften
8 Dkg. Zucker
6 " Kaffee
3/10 Lit. Schlagobers
8 Dkg. frischg. Butter
3 St. Gebäck
4 St. Bretzerln.

Für die Honorationen welche zur
Controlortafel gehören.
5 Dkg. Zucker
3 Dkg. Kaffee
7/10 Lit. [illegible]obers
4 Dkg. frischg. Butter
3 St. Gebäck.

Hausofficiere
4 Dkg. Zucker
2 " Kaffee
7/10 Lit. Milch
2 St. Gebäck

Für das mindere Personal.
3 Dkg. Zucker
1½ " Kaffee
2/10 Lit. Milch
2 St. Gebäck.

b. Thee.
Für Seine Majestät den Kaiser
10 Dkg. Zucker
3/10 Lit. Schlagobers
8 Dkg. frischg. Butter
5 " Thee
1/8 Fl. Rhum

Für die Cavaliere & Damen.

7. Dkg. Zucker
1/10 Lit. Schlagobers
4 Dkg. frischg. Butter
1 " Thee
3 St. Gebäck (abends nur 2 St.)
1/8 St. Rhum

Für die fremden Allerhöchsten und höchsten Herrschaften

8 Dkg. Zucker
2/10 Lit. Schlagobers
8 Dkg. frischg. Butter
2 " Thee
1/8 St. Rhum.

Für zur Controlortafel gehörige Honorationen

5 Dkg. Zucker
1/10 Lit. Schlagobers
4 Dkg. frischg. Butter
1 " Thee
3 St. Gebäck (abends nur 2 St.)
1/8 St. Rhum.

Für die Hausoffiziere.

4 Dkg. Zucker
1/2 " Thee
1/8 St. Rhum
2 Stk. Gebäck.

Chocolade.

Zu 1. Portion Chocolade (auch für den Pontifikanten)

10 Dkg. Chocolade
3 St. Gebäck

Zu 1 Portion Chocolade mit Obers.

3/10 Lit. Schlagobers
8 Dkg. Chocolade
3 St. Gebäck

Zum schwarzen Kaffee.

Für S.M. den Kaiser oder I.M. die Kaiserin bei Diners à la camera

7 Dkg Zucker
10 " Kaffee.

Für eine Person. (auch bei Diners)

3 Dkg Zucker
3 " Kaffee.

Des Kaisers „Jagakost“

Kaiser Franz Joseph war ein passionierter Jäger, ein echter Weidmann von Schrot und Korn, und die Jagd war meist seine einzige Erholung und Freude, wenn man an all die schweren Schicksalsschläge denkt, die ihm „nicht erspart blieben“. Für die Auerhahn-, Hirsch- und Gemsjagden hatte er seine Reviere und Jagdschlösser in Mürzsteg, Radmer, Eisenerz, Offensee und Langbathsee, oder er fuhr nach Ungarn auf Schloß Gödöllö, wo auch seine Sisi so gerne weilte.

So einfach und bescheiden wie die Einrichtung der Jagdschlösser war auch die Küche auf den Hofjagden, die drei- bis viermal im Jahr abgehalten wurden. Die Zubereitung der Speisen war jagdmännisch einfach gehalten und es wurde auf gewöhnlichem Porzellangeschirr gespeist. Bei diesen Jagddiners ging es recht gemütlich zu, und die Gäste blieben beim Schimmer der Petroleumlampen und zwangloser Unterhaltung lange beisammen.

Auf der Jagd aß Franz Joseph gerne derbe Jägerskost, wo im Grünen einige Tische und Sesseln aufgestellt wurden. Dabei kam auch der „Kaiserschmarn“ zu Ehren, der dem Kaiser recht mundete. Auch „Geselchtes“ mit Knödel und Sauerkraut wurde aufgetischt.

Der Kaiser bediente sich bei Tisch ungern des Messers, meist nahm er nur Gabel und Löffel zum Essen, daher mußte das Fleisch, der bevorzugte „Tafelspitz“ (Rindfleisch), eine der wenigen Lieblingsspeisen des Kaisers, zart und weich und in dünnen Scheiben geschnitten sein, sodaß es sich leicht mit der Gabel zerteilen ließ. Die glänzend polierte Klinge des Messers benutzte Franz Joseph nicht zum Schneiden, sondern des öfteren als Spiegel, um sich den Schnurrbart zurechtzurichten.

Der Kaiser war beim Essen recht bescheiden. Bei den Leibspeisen, und das waren nur wenige, langte er etwas mehr zu. Solch eine Leibspeise war auch der Spargel, den der Kaiser sehr liebte und der bei keiner Hoftafel fehlen durfte.

Eine andere Lieblingsspeise des Kaisers, vielmehr ein Naschwerk, waren die von der Grazer

Jagdschloß Mürzsteg: Konversation der Jagdgesellschaft des Kaisers nach dem Diner

Firma Spreng hergestellten, verzuckerten Zwiebacke, „Kronprinz-Rudolf-Zwieback“ genannt.

Ein einziges Mal äußerte sich der Monarch abfällig über eine Speise. Als in Gödöllö die süße Speise, ein sogenannter „Stegschmarn“, aufgetragen wurde, bemerkte er gegenüber seinen Gästen: „Also, ich verstehe gar nicht, daß man eine solche ... essen kann.“ Diese Worte wirkten derart niederschmetternd auf das Servierpersonal, daß der Wirtschaftsdirektor sofort telegraphisch einberufen wurde, um mit ihm, wie man so schön sagt, „ein Hühnchen zu rupfen“. Als Folge wurden in Hinkunft stets zwei Süßspeisen zur Auswahl bereitgehalten.

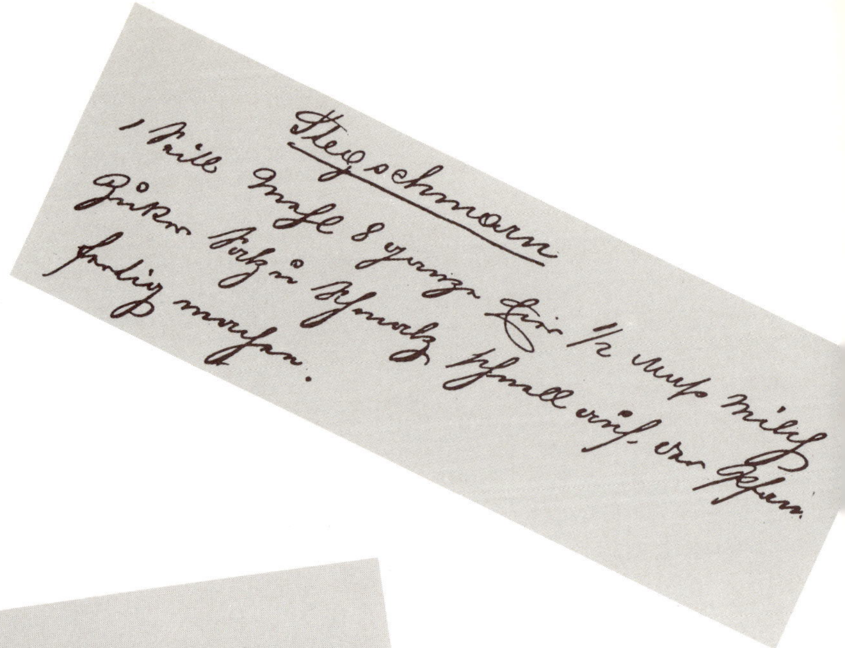
Stegschmarn

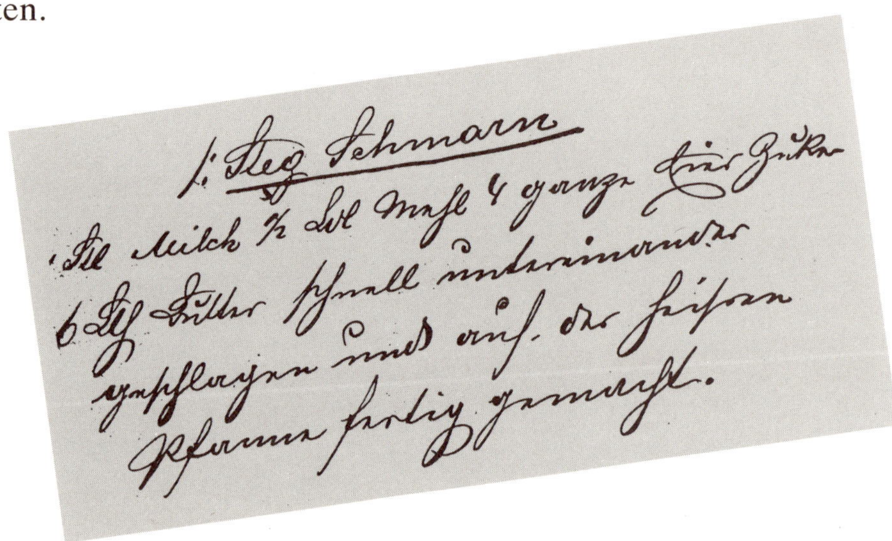
1: Steg Schmarn

Die Kaiserin trinkt Ochsenblut

Kaiserin Elisabeth frühstückte erst zwischen acht und neun Uhr (Déjeuner). Da sie stets auf ihre schlanke Linie bedacht war, nahm sie nur eine Schale Tee, dazu etwas kleines Gebäck und frisches Obst. In früheren Jahren vergönnte sie sich noch ein Stück gebratenes oder gedünstetes Rindfleisch und ein Glas Rotwein. Zum Diner um fünf Uhr nachmittags gab es zweierlei Suppen, Fleisch, Gemüse und Früchte. Besonderen Wert legte sie auf die sogenannte Kraftsuppe:

Zwei bis drei Pfund des besten Fleisches werden in Stücke geschnitten, unter einer silbernen Presse mürbe gemacht und dann wie ein Extrakt abgekocht.

Viele Jahre später, es war im Feber des Jahres 1910, ließ Kaiser Franz Joseph aus seiner Hofküche eine solche eigens zubereitete Kraftsuppe dem schwer erkrankten und fast erblindeten Bürgermeister der Stadt Wien, Dr. Karl Lueger, senden. Doch Lueger verweigerte schon Wochen hindurch jede Nahrungsaufnahme. Er verstarb bald darauf, am 10. März 1910.

Bevor Kaiserin Elisabeth zur Jagd ritt, nahm sie eine Suppe zu sich, worin Rindfleisch, Huhn, Reh und Rebhuhn zu einem Extrakt verkocht waren. Hinzu kamen noch zwei Glas Wein. Ihre Köchin, die bereits erwähnte Theresia Teufl, erzählte unter dem Siegel der Verschwiegenheit, daß für die Kaiserin einmal ein ganzer Ochse gekocht werden mußte. Von der daraus gewonnenen Essenz ernährte sie sich tagelang.

Einmal, es war in Cap Martin an der französischen Riviera, sah Kaiser Franz Joseph im Zimmer der Kaiserin eine Flasche mit roter Flüssigkeit stehen – es war der Saft von sechs Kilogramm ausgepreßtem Ochsenfleisch. Sich abwendend, murmelte der Kaiser „Schrecklich!“ und ging kopfschüttelnd davon.

Die Lieblingsblume der Kaiserin war das Veilchen. Daher bevorzugte sie besonders das Veilchen-Eis:

Eine Handvoll Veilchenblüten wird im Mörses zerstoßen. Dazu werden etwas warmes Wasser und 125 Gramm Zucker gegeben. Nach einer Stunde kommt die Masse ins Gefrierfach, um dann serviert zu werden.

Als Tochter des Bayernherzogs war Elisabeth gewohnt Bier zu trinken, Wein seltener. Zur diätischen Ernährung nahm sie besonders gerne Milch, die allerdings einwandfrei und roh, direkt von der Kuh oder von der Ziege kommen mußte. Daher ließ Franz Joseph nur erstklassige Kühe im Schönbrunner Tirolergarten als Milchspender für seine Gemahlin einstellen. Diese Kühe wurden ständig von einem Tierarzt überprüft. Auch auf den weiten Seereisen wurden Kühe oder Ziegen zur Milchversorgung der Kaiserin mitgeführt.

Das geheime Wandgemälde

Was sich die Dienerschaft über die Tafelallüren ihrer Herrschaften dachte, kann man einem zufällig entdeckten „Wandgemälde“ entnehmen.

Die Wände der kaiserlichen Appartements in der Hofburg sind mit dem traditionellen roten Damast mit dem Ananasmuster bespannt, worüber teilweise noch flämische Tapisserien oder französische Gobelins hängen. So sieht auch der Speisesaal in den Alexanderappartements aus, und wenn hier die kaiserlichen Familienmitglieder dinierten, wußte gewiß keiner von ihnen, was sich an den Wänden unter der Bespannung befand. Bei der Renovierung des Saales nach dem Zweiten Weltkrieg wurde nämlich auf der Längswand eine große Karikatur entdeckt:

Hofleute sitzen in steifer Haltung bei der Tafel und daneben stehen mit hochmütigen Mienen livrierte Diener und Hofdamen vor einem wackeligen Tisch. Als nämlich die Räume für den Besuch des russischen Zaren Alexander anläßlich des Wiener Kongresses (1814/15) hergerichtet

wurden, hat man auch die Tapisserien erneuert und die Handwerker, erbittert über die Arroganz der Hofbediensteten, malten als Rache diese Karrikaturen auf die Wand und pinselten deren Namen mit Tusche unter das „Kunstwerk". Einhundertvierzig Jahre lang, bis zum Jahre 1952, hielten die Damastbespannungen den Spott verborgen.

Wie das Wiener Schnitzel nach Wien kam

Ausgerechnet Feldmarschall Graf Radetzky war es, der das in aller Welt mit Begeisterung verzehrte „Wiener Schnitzel" an den Wiener Hof brachte. Darüber schreibt der Flügeladjutant des Kaisers Franz Joseph, Graf Attems, daß der Feldmarschall anläßlich eines Rapports bei seinem Kaiser über den Stand des norditalienischen Feldzuges dem Herrscher in begeisterten Worten berichtete, die Mailänder würden etwas ganz Besonderes kochen. Sie legten, so erzählte der Marschall, vor dem Ausbacken das Fleischschnitzel zuerst in Ei und dann in Semmelbrösel. Der Kaiser, von Radetzkys Begeisterung angeregt, befahl seinem Feldherrn, er solle sogleich in der Hofküche höchstpersönlich die Anweisungen geben, wie man ein solches Mailänder Schnitzel zubereite. Der Hof-Chefkoch führte das vom Feldherrn demonstrierte Rezept so vollkommen aus, daß Radetzky während der folgenden Jahre öfters das Bedauern aussprach, daß seine Schlachtpläne nicht ebenso getreu befolgt würden.

Der Hofkoch bereicherte die Erfindung des Schnitzels dadurch, daß er junge Hühner ebenso zubereitete. Damit wurde dieser treffliche Küchenmeister zum Schöpfer des Backhendls.

Das „Mailänder Schnitzel" selbst fand die volle Anerkennung des Kaisers und des gesamten Hofes und zog alsbald als „Wiener Schnitzel" in die Restaurants der Donaumonarchie ein.

Die Hofküche geht auf Reisen

Ging der Kaiser oder die Kaiserin auf Reisen, dann ging die Hofküche mit. Der Dienst der Hofköche wurde dann so eingeteilt, daß stets ein Hofkoch mit einer Abteilung Köche und Gehil-

fen, welche auch gelernte Fleischhauer oder Selcher waren, im Hofzug mitfuhren.

Für die „Schmalkost" der Kaiserin Elisabeth genügten ein Mundkoch und ein Hofzuckerbäkker, der zumeist nur den Tee oder die Milch zu wärmen hatte, einen Obstsaft bereitete oder ein kleines Gebäck bereitstellte.

Der Kaiser benützte für kürzere Reisen einen Salonwagen mit einem Abteil für den Generaladjutanten und einem Coupé für den Leibjäger (Leibkammerdiener), dazu kamen ein bis zwei Waggons für die Suite und die Dienerschaft.

Bei größeren Reisen wurde der österreichische oder der ungarische Hofzug herangezogen. Er bestand aus acht bis neun vierachsigen, dunkelgrünen Waggons.

Der erste Waggon diente als Dienstwagen für das Bahnpersonal und als Gepäckwagen. Im zweiten Waggon nahmen der Direktor für die Hof- und Eisenbahnreisen (Hofrat Claudius Ritter von Klaudy) mit dem Eisenbahningenieur und zwei Bediensteten Platz, zusammen mit dem Kammerpersonal. Daran reihte sich der Salonwagen des Kaisers mit einem abgeteilten Schlafgemach sowie einem Abteil für den Ersten Generaladjutanten.

Im vierten Waggon fuhren der Erste Obersthofmeister, der Zweite Generaladjutant und die Gäste mit.

Der fünfte Waggon war der Speisewagen. Er bestand aus vier Räumlichkeiten: einem Vorraum, einem Rauchsalon mit Spieltischen, dem eigentlichen Speisesalon, geschmückt mit Dekkengemälden des Professors F. Zenisek aus Prag, und einem Buffetraum.

Mit diesem Speisewaggon war der Küchen- und Servierwagen verbunden. Er war ausgestattet mit einem Sparherd, Geschirrkasten, Abwasch, Eiskästen und einer Kohlenkiste. Daneben gab es Abteile für das Küchenpersonal. Entsprechend dem Personalstand einer Hof-Mundküche gehörte dazu ein Hof-Tafelinspektor, ein Koch, ein Zuckerbäcker, ein Kellermeister, zwei Küchenträger und mehrere Gehilfen.

Außer den Lebensmitteln wurde auch das Wasser aus Wien in den Zug verladen, denn das Wasser des „Schönen Brunnens" im Schloß Schönbrunn galt als das beste in ganz Österreich, es war bis zur Schaffung der Hochquellenleitung für Wien das bevorzugte Trinkwasser des Kaiserpaares. Daher wurde es auch auf den Hofreisen, auf längeren Fahrten, wie nach Jerusalem (Eröffnung des Suez-Kanals), in verlöteten Blechkanistern mitgeführt.

So wie in Wien wurde auch im Hofzug um sechs Uhr morgens das Frühstück dem Kaiser serviert. Am Abend nahm Franz Joseph meist nur eine Erfrischung ein, während sein Gefolge im Speisesalon ein Abendessen bekam. War kein Speisewaggon dem Hofzug angeschlossen, so wurde auf den Haltestationen in der Bahnrestauration gespeist. Dem Monarchen wurde aus der Bahnhofsküche serviert.

Im ungarischen Hofzug hatte Kaiserin Elisabeth in ihrem Salonwagen eine eigene kleine Mundküche eingebaut, worin ein Gaskochherd stand.

Der Verwalter des Hofkellers in der Burg, Joseph von Renglovics, schreibt in seinen „Erinnerungen" über eine besondere Hofreise:

Am 16. Februar 1909 weilte das schwedische Königspaar Gustav Adolf und Viktoria, am Wiener Hof. Für die Rückreise stellte Kaiser Franz Joseph einen Hofsonderzug bis an die Grenze von Bodenbach mit einer Hofwirtschaftsabteilung unter Führung des Hofwirtschaftsrates Joseph Renglovics zur Verfügung. Während der Reise besichtigte das Königspaar den Hofküchenwagen, wo der Hofkoch Rudolf Munsch sein Team leitete, den Speisesalon und den Waggon, in welchem die Getränke und das ganze Service untergebracht waren. Voll Interesse für jedes kleinste Detail machten sie sich wiederholt Notizen. Über ihren Wunsch nahm in der Station Bodenbach das gesamte Hofwirtschaftspersonal vor dem Zug Aufstellung, und das Königspaar richtete an jeden einzelnen einige Fragen. Dann dankten die Majestäten für die vorzügliche Bewirtung und übergaben jedem Hofbeamten einen Orden.

Der Eindruck dieser Reise war so überzeugend, daß sich das schwedische Königspaar bald darnach einen Hofreisezug nach dem Muster des österreichischen für sich bauen ließ.

Einen Großeinsatz der Hofküche gab es bei den Kaisermanövern, besonders dann, wenn mehrere Manöverstationen mit Truppeninspek-

Kaiser Franz Joseph mit seiner Suite im Speisesalon des Hofzuges

tionen, feldmäßigen Übungen und Paraden vorgesehen waren. Die Offizierstafel fand im Kaiserzelt statt, an der oft gegen 120 Personen teilnahmen. Außerdem mußten die Garden, die Post- und Telegraphenbeamten und das Autokorps verpflegt werden, sodaß für etwa 500 Personen gekocht werden mußte. Dabei war die Küche nur in primitiven Baracken untergebracht. Die Manöverausrüstung hatte außer allem erforderlichen Kochgeschirr, den Servicegegenständen und Lebensmitteln, auch für die Fleischspeisen in Paketen und Satteltaschen vorgesorgt, denn es wurden bei diesen feldmäßigen Diners stets sechs Gänge aufgetragen.

Wie die Quartierregelung und die Hofküchen-Ausrüstung aussah, kann man aus einer Aufzeichnung des Hofkochs Munsch anläßlich der Manöver in Felsövizköz und Sztropko, Ungarn, im Jahre 1910 ersehen.

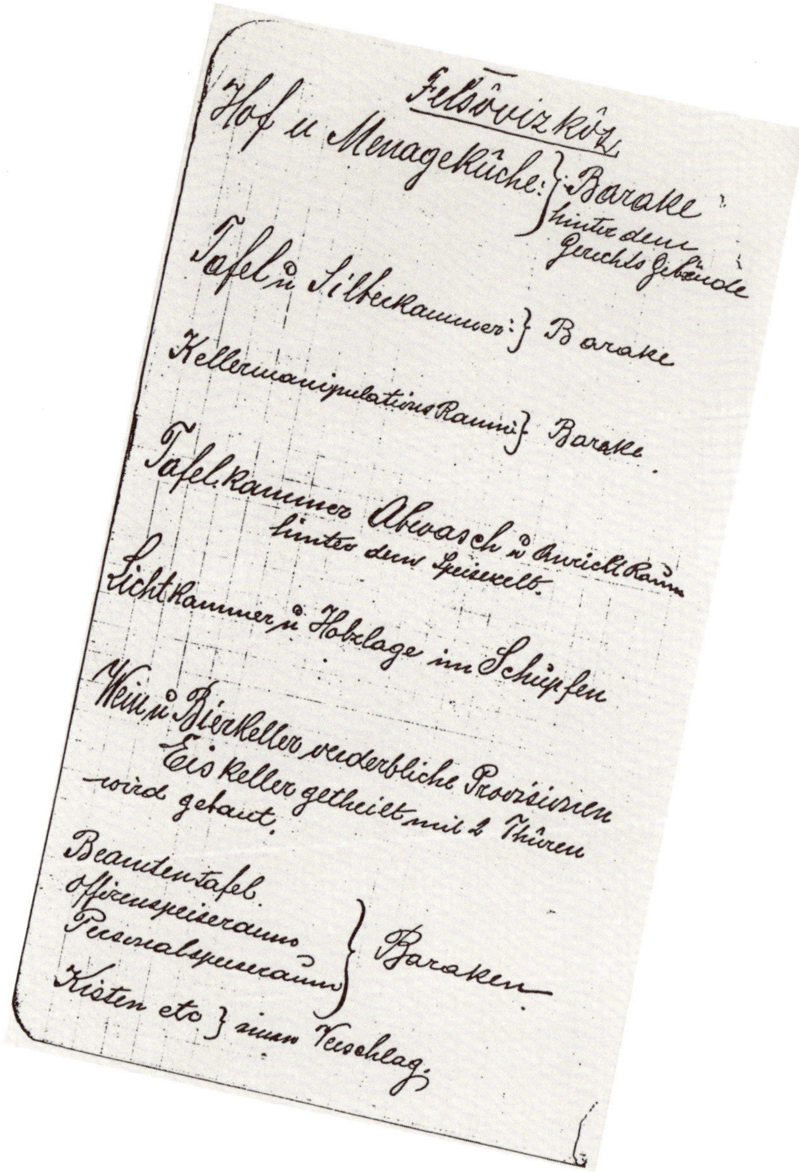
Felsövizköz
Hof u Menageküche } Baracke hinter dem Gerichts Gebäude
Tafel u Silberkammer } Baracke
Kellermanipulations Raum } Baracke
Tafelkammer Abwasch u Anricht Raum hinter dem Speisezelt.
Lichtkammer u Holzlage im Schupfen
Wein u Bierkeller verderbliche Provisionen
Eiskeller getheilt mit 2 Thüren wird gebaut.
Beamtentafel. Offizierspeiseraum Personalspeiseraum } Baracken
Kisten etc } einen Verschlag.

Manöver Quartierregulierung aufgenommen 1910.
Felsövizköz und Sztropko
Felsövizköz
Vorsorgen in Felsövizköz
Quartier Sr. Majestät bei Herrn Tafelrichter Szepesházy Imre.

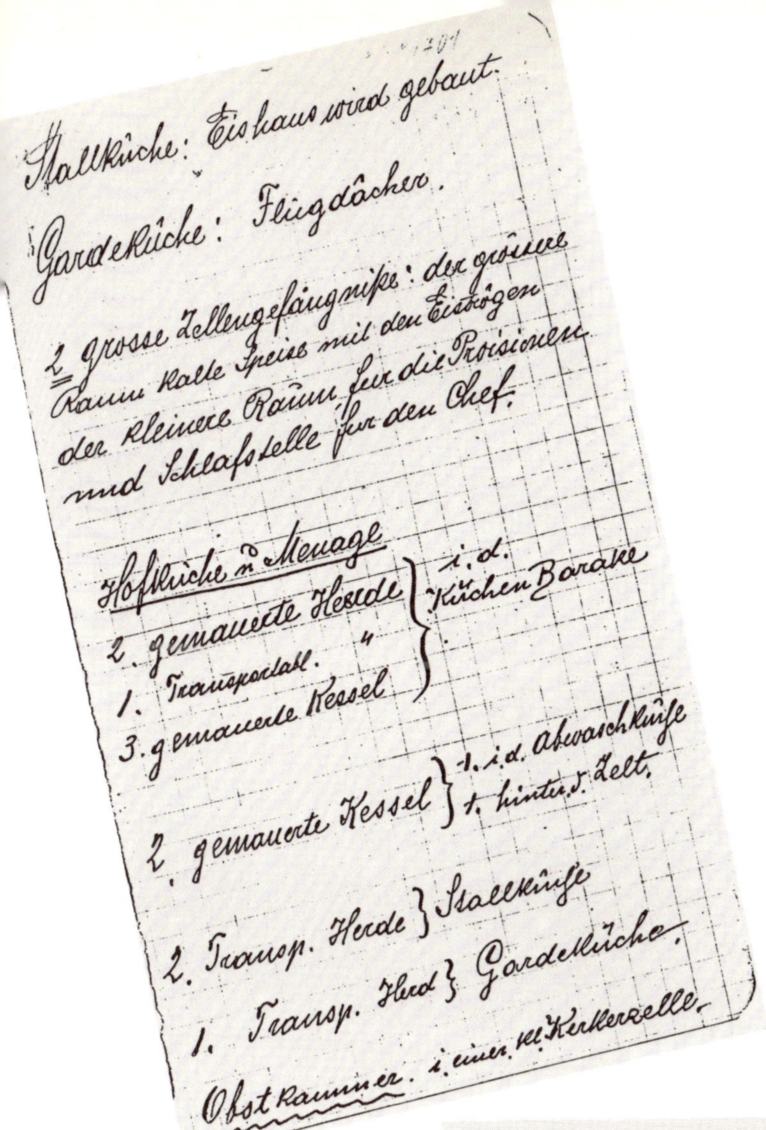
Stallküche: Eishaus wird gebaut.

Gardeküche: Flugdächer.

2 grosse Zellengefängnisse: der grössere Raum kalte Speise mit den Eisträgen der kleinere Raum für die Provisionen und Schlafstelle für den Chef.

Hofküche u. Menage

2. gemauerte Herde } i. d. Küchen Baracke
1. Transportabl. "
3. gemauerte Kessel

2. gemauerte Kessel } 1. i. d. Abwaschküche, 1. hinter d. Zelt.

2. Transp. Herde } Stallküche

1. Transp. Herd } Gardeküche.

Obstkammer. i. einer kl. Kerkerzelle.

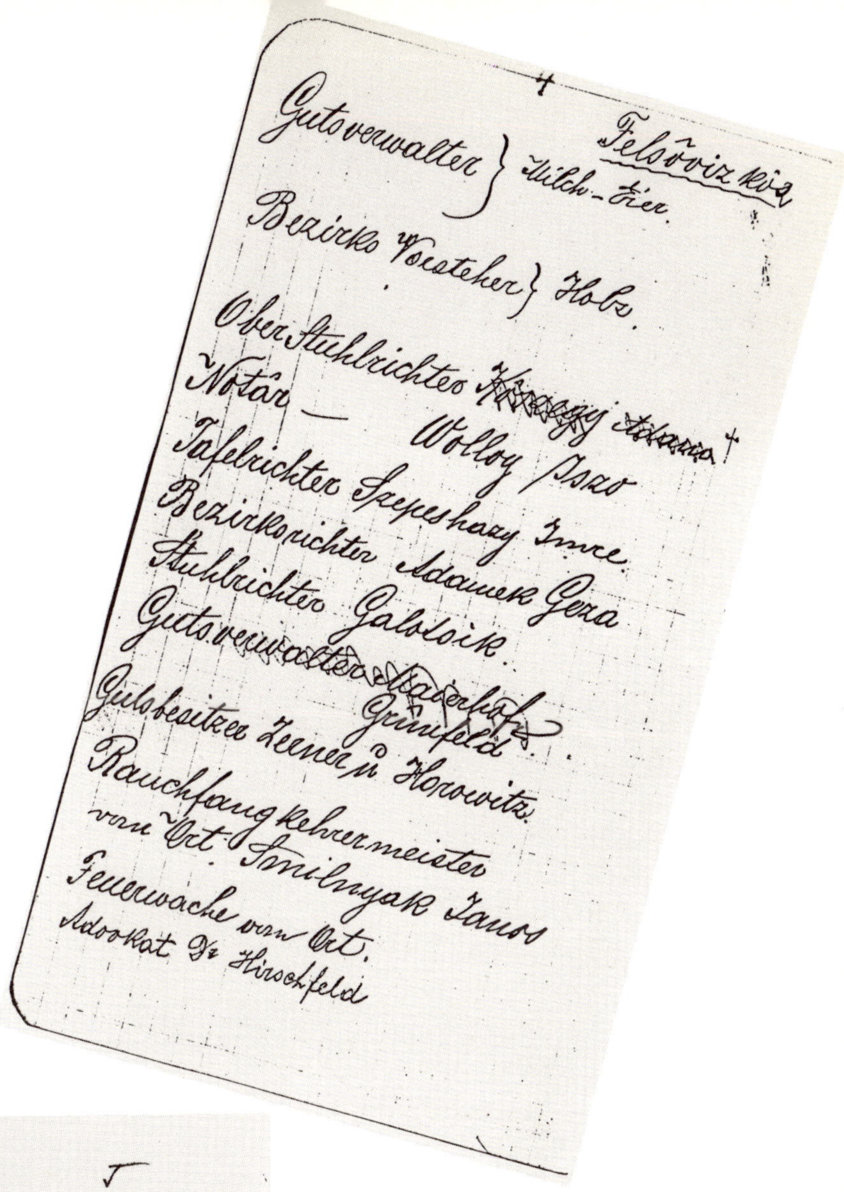
Felsővizköz

Gutsverwalter } Milch-Eier.

Bezirksvorsteher } Holz.

Oberstuhlrichter ~~[illegible]~~

Notär — Wolloy Isso

Tafelrichter Szepeshazy Imre

Bezirksrichter Adamek Geza

Stuhlrichter Galbsik.

~~Gutsverwalter [illegible]~~ Grünfeld.

Gutsbesitzer Zeener u. Horowitz.

Rauchfangkehrermeister vom Ort. Smilnyak Janos

Feuerwache vom Ort.

Advokat Dr Hirschfeld

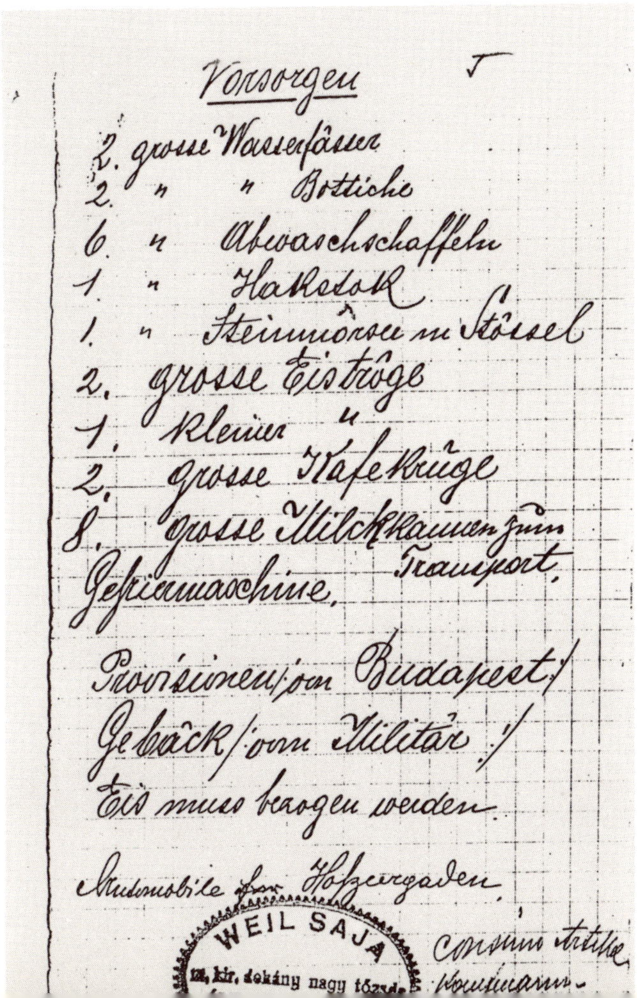
Vorsorgen

2. grosse Wasserfässer
2. " " Bottiche
6. " Abwaschschaffeln
1. " Hackstock
1. " Steinmörser m. Stössel
2. grosse Eisträge
1. kleiner "
2. grosse Kaffeekrüge
8. grosse Milchkannen zum Transport.

Gefriermaschine.

Provisionen /von Budapest/

Gebäck /vom Militär/

Eis muss bezogen werden.

Automobile für Hofzergaden.

WEIL SAJA
kir. dekány nagy tözsde

Commis Kaufmann.

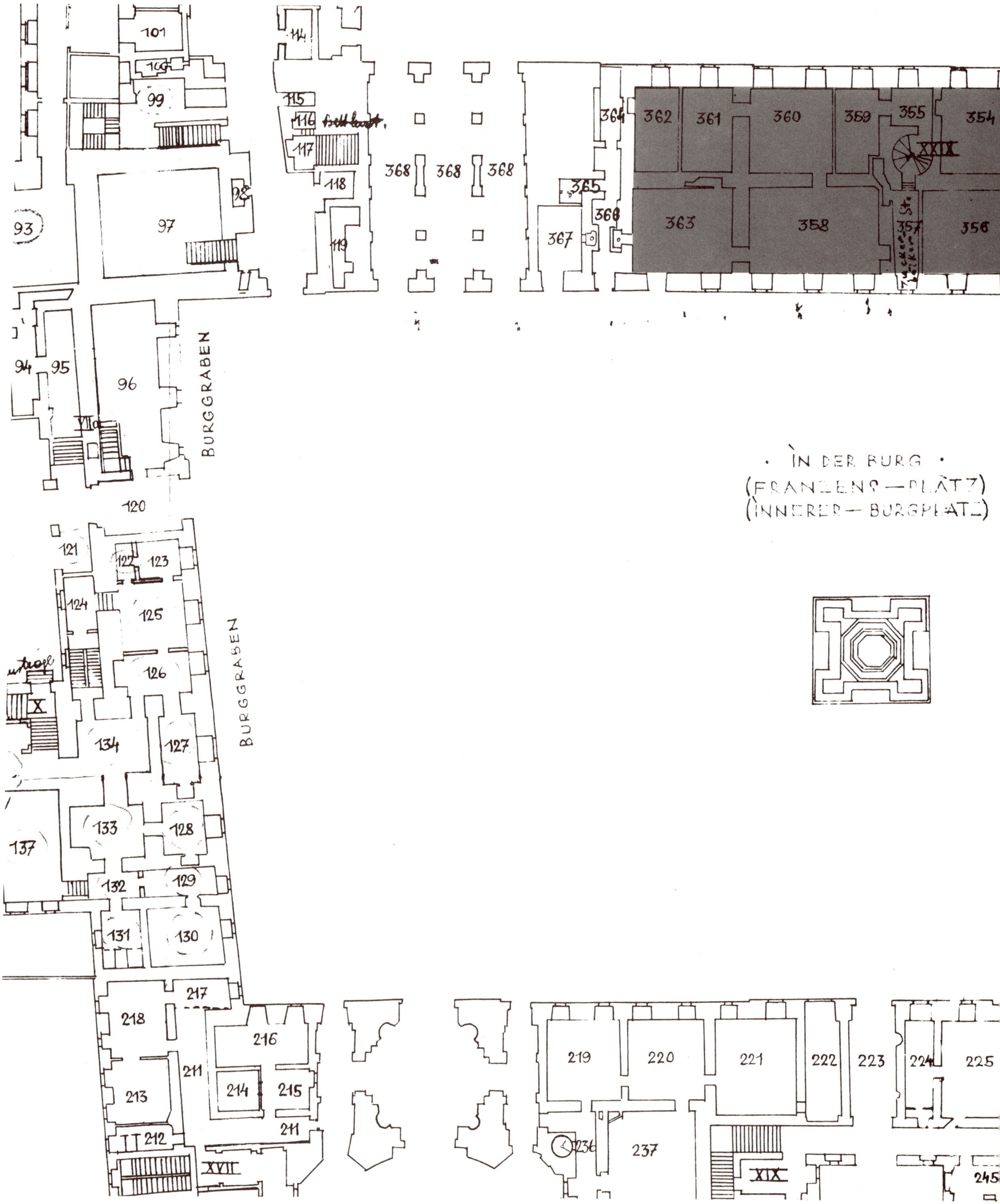

· IN DER BURG ·
(FRANZENS-PLATZ)
(INNERER-BURGPLATZ)
BURGGRABEN
BURGGRABEN
101
100
99
97
98
93
94
95
96
VIIa
114
115
116
117
118
119
368
368
368
364
365
366
367
362
361
360
359
355
354
XXIX
363
358
357
356
120
121
122
123
124
125
126
X
134
127
133
128
137
132
129
131
130
217
218
216
211
213
214
215
211
212
XVII
219
220
221
222
223
224
225
236
237
XIX
245

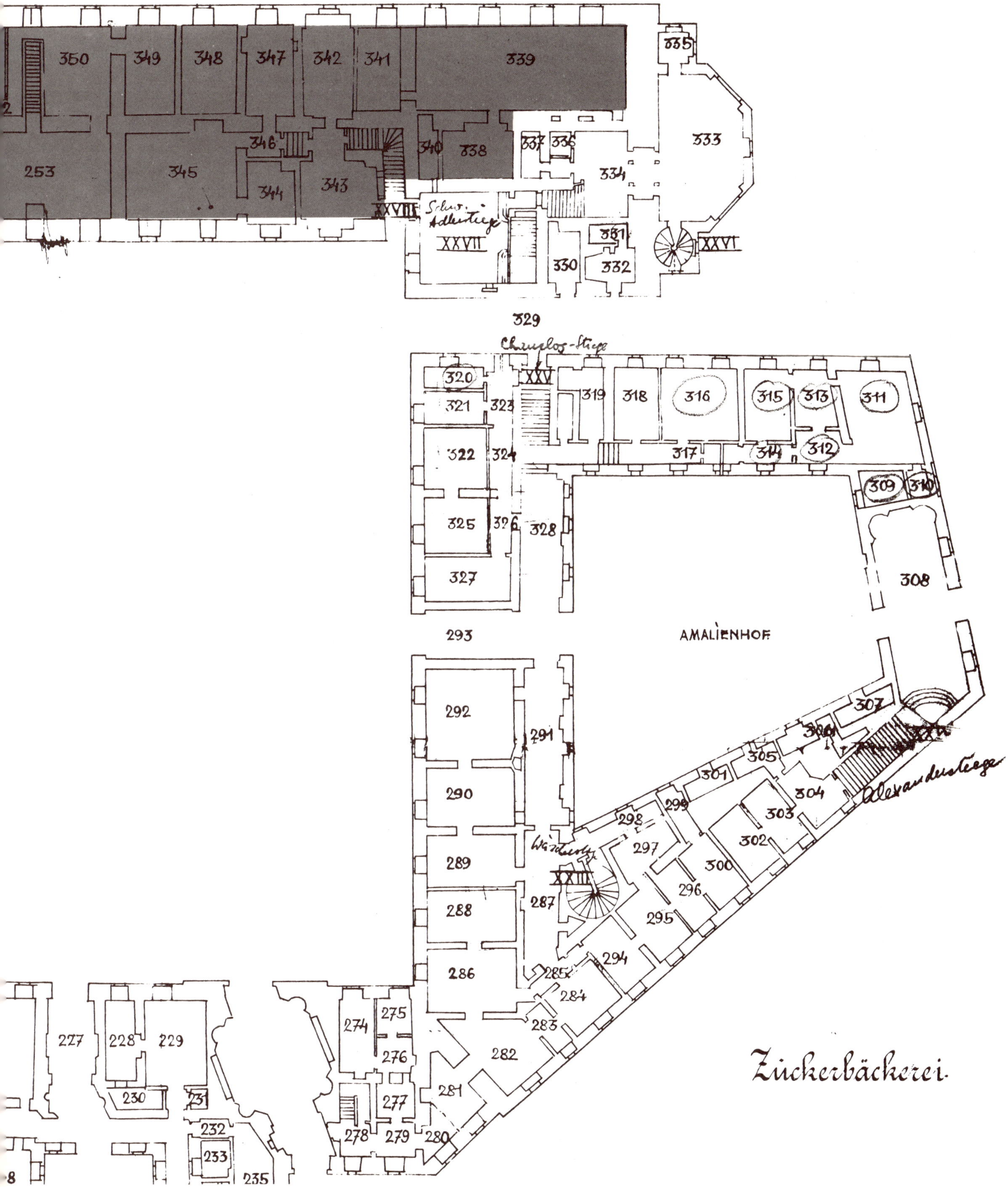

Zückerbäckerei.

Der Eingang zur Hofzuckerbäckerei (Zuckerbäkkerstiege) im Leopoldinischen Trakt der Hofburg

Die Hofzuckerbäckerei: der Hofzuckerbäcker Franz Effenberger arbeitet mit einem Teigstreifenschneider

II

Die k.u.k. Hofzuckerbäckerei

Zuerst war es der Honig, der den Speisen den begehrten süßen Geschmack verleihen konnte, bis endlich aus dem Wunderland Indien der Rohrzucker nach Europa kam, der „die Säfte des Körpers wunderbar belebt, die Wangen angenehm rötet und heiteres Gemüt erzeugt". Die Apotheker nahmen zuallererst den Zucker für sich in Anspruch, um ihre bitteren Pillen durch Einrollen in Zucker zu versüßen. Dann ließen sie das Bittere weg und verkauften nun auch reine Zukkerpillen, sowie kandiertes Obst und Konfekt. Durch die Mitverwendung von Mehl kam es zur Gründung der Gilde der Kuchenbacker und aus dieser speziell die „Mandolettipacher", „Crapfenpacher", „Holhuper", „Pastetenbäcker" und „Oblatenpacher". Im Jahre 1455 gab es bereits einen Oblatenbäcker namens Hans Stölzl, der seinen Stand in der Weydenstraße vor dem Widmertore (heute Durchgang vom Inneren Burghof zum Heldenplatz) hatte.

Der junge Kaiser Ferdinand I., der im Jahre 1522 nach Wien gekommen war, ließ in der Hofburg eine „Hof-Compostrey" für Konfitüren und Fruchtsäfte einrichten und holte sich die „Zuggermacher", Zuckerbläser und Konditoren aus den Niederlanden und Spanien. Von dort kam auch die Schokolade, aus den Kakaobohnen erzeugt, die der Eroberer Fernando Cortez im Jahre 1519 aus Mexiko mitgebracht hatte. Das war der Beginn der Hofzuckerbäckerei. Der er-

ste, 1560, genannte Hofzuckerbäcker war der Niederländer Matthias de Voss. Unter Kaiser Maximilian II. wirkte Daniel Walther als Hofzuckerbäcker.

Für die Zubereitung der Leckerbissen als Abschluß des Mahles gebrauchte man viele Speisegewürze wie Pfeffer, Ingwer, Nelken, Muskat, Safran und Anis.

Bald wurde ein Gemisch aus Zucker und Mandeln erzeugt – der Marzipan war erfunden. Der Franzose Claude Gelée entdeckte die Zubereitung des Blätterteiges und der Italiener Procopio Culbelli das Gefrorene. Den Triumph in der Erzeugung des Gefrorenen konnte aber der berühmte Küchenchef des Ludwig von Condé, Vatel, in Anspruch nehmen. Als König Ludwig XIV. den Sieger von Recroy in Chantilly besuchte, hatte Vatel als Schluß des unvergleichlichen Mahles noch eine Überraschung für die Gäste. In einer vergoldeten Silberschüssel wurde jedem Gast ein frisches Ei überreicht. Es sah wie ein gefärbtes Osterei aus, aber in Wahrheit war sie eine wundervolle süße Speise, kühl und fest wie Marmor: Gefrorenes!

Auch die Hofküche der Habsburger hatte bald die Zubereitung des Gefrorenen zu einer besonderen Attraktion verfeinert. Als der Pascha von Tanger, Mohamed Ben Abdil Melak, bei Kaiser Josef II. wegen eines Handelsvertrages mit Marokko zu Gast weilte, wurde bei der Hoftafel als Abschluß das Modell der Festung Tanger in Eis aufgetragen. Der Pascha, ein großer Freund des Gefrorenen, aß die ganze Festung mit Putz und Stingel auf und bekam darnach eine so schwere Kolik, daß er dem Tode nahe war. Nach marokkanischer Heilmethode legten sich seine schwarzen Diener zu ihm und auf ihn. Da dies nichts nutzte, wurde der kaiserliche Leibarzt Anton

Freiherr von Störk gerufen, dem es schließlich gelang, das Leben des Paschas zu retten.

Erzherzog Max aus der Steiermark ließ im Jahre 1607 ein Kochbuch verfassen, das über sechshundert Speisen behandelte, darunter „Dorten“ und „Sulzen“ (Marmeladen, Konfitüren).

Unter Kaiser Karl VI. wird die Hofzuckerbäkkerei im Jahre 1729 bereits als Teil der Hofküche angeführt. Zur Faschingszeit mußte der Hofzukkerbäcker eine Menge Krapfen fabrizieren, denn da gab es das Krapfenschießen in der Burg, an dem sich alle hochadeligen Herren und Damen beteiligten.

Der Name „Krapfen“ kommt von der Erfinderin dieses Gebäcks, Cäcilie (Cilli) Krapf, die im 17. Jahrhundert in Wien lebte und die den Teig in heißer, geronnener Milch oder in Schmalz kochte. Ihr zu Ehren wurden sie „Cillikugeln“ genannt und waren so groß wie die Kugel fürs Kegelspiel. Zur Zeit des Wiener Kongresses waren sie kleiner geformt. Die Kuchenbäckerin Maria Platzer war berühmt wegen dieses Faschingsgebäcks. In einem einzigen Wiener Gasthaus verschlang man damals 350.000 Krapfen.

Auf Wunsch ihrer Herren mußten die Zuckerbäcker immer größere und imposantere Schaustücke aus Zuckermasse als Dekoration auf die Tafel stellen, sodaß nun auch Künstler, Bildhauer und Maler zur Herstellung herangezogen werden mußten. Der Salztransportunternehmer

Die Oleo-Küche (benannt nach der berühmten Suppe)

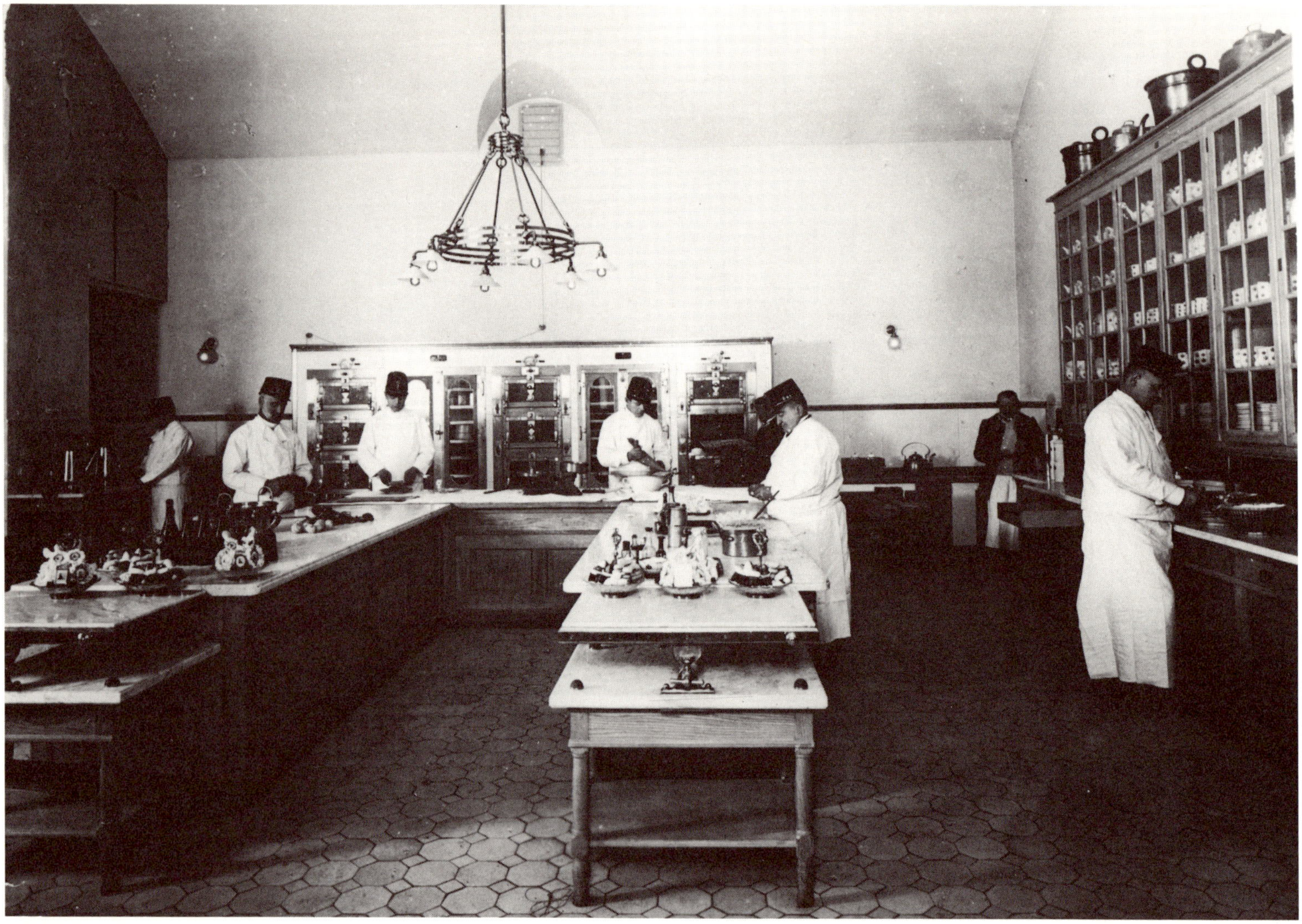

Die Hofzuckerbäckerei: am Mitteltisch die Hofzuckerbäcker Enyedy und Geraus

Salomon Bär schenkte im Jahre 1721 dem kaiserlichen Hof ein Schaustück künstlerischer Zuckerbäckerei: ein Panorama von der Mündung des Marchflusses in die Donau bei Theben, mit Schiffen, Ruderleuten und Salzfässern, das Ganze getragen von einem Bären.

Unter der Regierung der Kaiserin Maria Theresia wurde die Hofzuckerbäckerei von der Hofküche getrennt und im Leopoldinischen Trakt als selbständige Küche untergebracht, damit die zahlreichen Kinder der Kaiserin mit Näschereien entsprechend versorgt werden konnten. Heute erinnert noch immer die „Zuckerbäckerstiege" in der Mitte des vorerwähnten Traktes an die süße Vergangenheit. Der junge Erzherzog Josef schlug seiner stets streng auf Ordnung und Zucht achtenden Frau Mama gar oft ein Schnippchen, wenn er als Zuckerbäckergeselle verkleidet über diese Stiege die Hofburg heimlich verließ, um ungehindert und unkontrolliert seinen Abenteuern in den Gassen Wiens nachzugehen.

In der Hofzuckerbäckerei wurde das Obst von den Hofkonditoren unter der Leitung des Hofzuckerbäckerei-Inspektors eingekocht und Kompotte, Marmeladen, Kellersäfte für das Gefrorene und sogar Mostsenf und Essenzen hergestellt. Zur Einsiedezeit mußte auch die Küche der Kaiserin Elisabeth im Amalienhof hinzugezogen werden. Man legte frische Nüsse ein, sogenannte „schwarze Nüsse". Sie wurden gereinigt, blanchiert, einige Male mit Zucker aufgekocht, wobei das Zuckerwasser immer wieder weggegossen wurde. Beim letzten Kochen wurde Sirup oder Glykose zugesetzt, der das Absterben des Zuckers verhindern sollte. Über der Frucht blieb ein dickflüssiger Zucker. Die grünen Nüsse wurden auch zu Nußschnaps verarbeitet und gerne gegen Magenbeschwerden genommen.

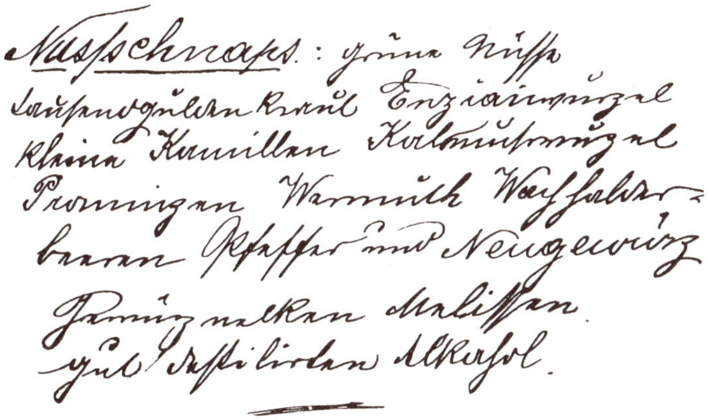
Nußschnaps: grüne Nüsse
tausendgülden Kraut Enzianwurzel
kleine Kamillen Kalmuswurzel
Pomeranzen Wermuth Weichsel-
beeren Pfeffer und Neugewürz
Gewürznelken Melissen.
gut destilirten Alkohol.

Neben der Zubereitung von Crèmen, Sulzen, Gelées und Gefrorenem mußte die Hofzuckerbäckerei auch für das Frühstück, die Jausen und Tees der höchsten Herrschaften als sogenannte „Mundküche“ sorgen, also war sie auch für die Tee-, Kaffee- und Schokoladezubereitung zuständig.

Das erforderliche Porzellan und Silbergeschirr für das Frühstück und die Jausen war in eigenen großen Schränken deponiert.

Zur Gefrorenenbereitung gab es Gefriermaschinen und hundert verschiedene Kupferformen, um dem Eis das Aussehen von kleinen Früchten zu geben. Das Marilleneis wurde also in Form kleiner Marillen serviert und das Pfirsicheis sah aus wie eine Galerie frisch gepflückter Pfirsiche.

Eine eigene Kartonagenabteilung fertigte die Bonbonnieren für die Ballgäste an und dort wurden auch die Tragantfiguren für die Dekoration der Torten modelliert. Diese Hofköche waren wahre Künstler in ihrem Fach. Spezialisten waren auch die Pastetenbäcker, die Patissiers. Die Pasteten waren nicht nur mit Geflügel, Fleisch oder Fisch gefüllt, man gab auch Obst (Weintrauben), Mandeln, Nüsse und Süßigkeiten hinein. Für die Dekorationen verwendete man Tragant und Marzipan.

Hofbonbonieren: Königin Elisabeth von Rumänien (Dichternamen Carmen Sylva) Kaiser Wilhelm II. von Deutschland

Ball bei Hof und Hofball

Eine ganz besondere Leistung, sowohl in quantitativer als auch qualitativer Hinsicht, wurde von der Hofküche alljährlich aus Anlaß des „Balles bei Hof“ und des „Hofballes“ in den Redoutensälen der Hofburg verlangt. Der Unterschied dieser Bälle bestand lediglich im Rang der geladenen Gäste: höchster, also ältester Adel mit mindestens sechszehn Ahnen durfte zum „Ball bei Hof“, hoher und minderer Adel zum „Hofball“. Wenn der Schlußtanz, der „Cotillon“, beim Ball bei Hof verklungen war, so ungefähr um elf Uhr nachts, schritt man zum Souper.

In den Ballprogrammen war die Dauer der Musik-(Tanz-)Stücke genau in Minuten angeführt, und man kann sich vorstellen, wie präzise, direkt mit der Uhr in der Hand, der Hofball-Musikdirektor – ein Johann Strauß, ein Carl Michael Ziehrer oder ein Eduard Strauß – dirigieren mußte, um ja nicht die vorgeschriebene Zeit zu überschreiten.

Der exklusive „Ball bei Hof“, auch „Kammerball“ genannt, der während des Faschings ein- bis dreimal gegeben wurde, war von unvorstellbarer Pracht, besonders als der Redoutensaal noch mit tausenden Kerzen beleuchtet war. Für je zehn Personen war ein Mahagonitisch gedeckt, jedoch ohne Tischtuch, mit einem prächtigen Gedeck und Porzellan, mit Gold und Silber verziert. Um Mitternacht servierte die Hofzuckerbäckerei das exquisite Souper für 800 bis 1000 Personen, wobei die Kraftsuppe „Bouillon Maria Theresia“ nach dem Rezept der großen Kaiserin mit den mehr als zwanzig Zutaten nicht fehlen durfte.

Kaiserin Maria Theresia lud an jedem Weihnachtstag um zwölf Uhr mittags ihre Feldmarschälle, ungarische Magnaten und den päpstlichen Nuntius, also lediglich Herren, zur „Tafel grande“ ein. 120 silberne Gedecke und französisches Porzellan zierten die Tafel und 400 Diener

EINLADUNG

zu dem Balle bei Hofe

Montag, den 23. Jänner 1882, **vor 8 Uhr.**

Für Herrn Grafen und Frau Gräfin
Gallenberg-Bose und Comtessen Töchter

Die Damen erscheinen in runden Kleidern.
Die Herren vom Militär in Gala, ohne Feldbinde, — Oberstinhaber auch in der Regiments-Uniform.
Die Herren vom Civile in kleiner Uniform; diejenigen, welche tanzen, im Frack.
Die Bänder der Ordensgrosskreuze werden nicht getragen.
Es wird nur im Schweizerhofe oder unter dem Ceremonien-Saale abgestiegen.

Wer zu erscheinen verhindert ist, wolle sich baldmöglichst im k. k. Obersthofmeisteramte entschuldigen lassen.

servierten 24 Gänge, wobei die Gäste in drei Stunden gigantische Mengen verzehrten. Die Kaiserin selbst traf sich am Abend mit ihrer Familie zum Souper, wobei lediglich sechs Gänge aufgetragen wurden. Bei dieser Weihnachtstafel durfte niemals die Kraftbrühe und die Zwiebelsoße nach Art Fürst Soubise fehlen.

Die Kraftbrühe war äußerst nahrhaft und wurde daher nur in winzigen Tassen serviert.

Man verwendete zu deren Zubereitung

1 Poulard (Masthuhn)
¼ Sellerieknolle
2 Eiweiß
Salz
5 Hummer
2 Liter Wasser
1 Dose geschälte Trüffel
Glutaminwürze
1 Glas Sekt

Der Poulard wird ausgenommen, die Haut entfernt, das Fleisch wird entbeint, Herz, Niere und Magen werden beseitigt. Das Fleisch kommt ins kalte Wasser, die Sellerie (Zeller) dazu und wird 20 Minuten lang gekocht. Das Brustfleisch wird herausgenommen und in Würfel geschnitten. Nach einer Stunde Kochzeit wird die Sellerie herausgegeben und die Flüssigkeit auf ein Liter eingekocht. Das restliche Fleisch wird mit Leber, Niere und Herz faschiert, zwei Eiweiß und Salz dazugegeben und stehen gelassen. Die Hummer werden mit Sekt 20 Minuten lang auf kleinster Flamme gedünstet und dann in Scheiben geschnitten. Das Faschierte, die Selleriestückchen, das würfelig geschnittene Brustfleisch sowie die Hummer werden vermengt und daraus kleine Knödel geformt. Diese läßt man in der heißen Brühe ziehen.

Zum Abschluß des Soupers bekamen die Ballgäste die berühmten und begehrten Helme en miniature, gefüllt mit Hofzuckerln, als Andenken. Die Damen erhielten nach unwandelbaren Regeln kleine, gebundene Buketts, sogenannte „Maria-Theresien-Buketts".

Man kann sich kaum vorstellen, welch ein hastiges Treiben in der Hofküche und Hofzuckerbäckerei herrschte, damit genau zur festgesetzten Stunde alles fix und fertig dastand, wenn der Oberstküchenmeister in die Hofküche zur Inspizierung erschien. Für solch große Bewirtungen waren immer ein Kücheninspektor, zwei Chefköche, acht Hofköche I. Klasse, acht Hofköche II. Klasse, einige Bestallungsköche, Extramän-

Hofbonbonieren: Miniatur-Helme der verschiedenen Waffengattungen

ner, Gehilfen, sogenannte Offizendiener, und Küchenfrauen eingesetzt, also rund 40 in der Hofküche und 20 bis 30 in der Hofzuckerbäckerei, wo die tausend und abertausend Zuckerln und Dessertbäckereien hergestellt wurden. 15 bis 20 Frauen waren nur mit dem Verpacken der Zuckerln und Konfekte in wunderbar ausgestattete Doserln und Attrapen mit den Miniaturbildern der kaiserlichen Familie und ausländischer Fürsten beschäftigt. So viele zusätzliche Leute wurden nur noch zur Einsiedezeit aufgenommen.

Bei diesen großen Bällen und Festen wurde rund um die Uhr, Tag und Nacht, gearbeitet. Wohl wechselte man im Dienst ab, um sich etwas erholen zu können, aber 24 bis 36 Stunden im Dienst war gang und gebe.

Beim „Hofball", an dem Offiziere, Franz-Josephs-Ordensritter, Geheime Räte, Kämmerer und jeder Beamte, vom Hofrat angefangen, teilnehmen durfte, mußten in den letzten Jahren des Kaisers Franz Joseph ungefähr 3000 Personen verpflegt werden. In einer Pause vor Mitternacht nahmen die Majestäten mit ihren Suiten in den Appartements hinter der Estrade des Redoutensaales, die Geheimen Räte, Kämmerer, Palastdamen und sonstige Aristokraten in den anschließenden Technischen Appartements an kleinen, ungedeckten Tischchen ein Souper ein, bestehend aus der „Oglio"-Fleischsuppe, Getränken, Tee und Bäckerei. Für den weitaus größten Teil der Gäste wurden im Neuen Saal und dem Rittersaal an langen Tischen ein hufeisenförmiges Buffet aufgestellt, das von den Gästen im wahrsten Sinne des Wortes „gestürmt" wurde. Jeder Gast konnte sich einen bereitgestellten Dessertteller, Besteck und eine kleine Serviette nehmen und sich von dem künstlerisch prächtig aufgebauten Buffettisch die gewünschten Leckerbissen aussuchen. Auf den Schüsseln, die auf bunt dekorierten Sockeln standen, gab es Rheinlachse, Fogosche, Hummer, Langusten, Auerhähne, Birkhähne, Fasane, jedes Geflügel im Feder-

Hofball: Sturm auf das Buffet

Rechte Seite: Hofball in der Hofburg (1886)

Folgende Doppelseite: Hofball – Im Teesalon (ganz links Kronprinzessin-Witwe Stephanie)

schmuck, ganze, riesige Wildschweinköpfe (aus Gödöllö), Hasenpasteten, Straßburger Pasteten, ganze Schinken, Zungen, Schlögel und Rücken vom Dammwild, große Schüsseln mit Sandwiches, kleinere Schüsseln mit Saucen, Mayonnaisen und Aspik. An Süßspeisen wurden die verschiedensten Torten, gesulzte Crèmes und süße Gelées aufgetragen.

Um Mitternacht wurden frische, herrlich duftende Faschingskrapfen angeboten und einige hundert Schüsseln gemischter Bäckerei. Niemals durfte die berühmte, nach alten Rezepten bereitete, spanische Kraftsuppe, die „Oglio", fehlen. Ihre Zubereitung aus Ochsen- und Kalbfleisch, Hammelschlögel, Hasen, Hühnern, Rebhühnern und Gemüse nahm volle acht Stunden in Anspruch. Für 2000 Gäste waren 200 Liter dieser Kraftbrühe nötig, daher bedurfte es auch einer besonderen Abteilung der Festküche, der bereits angeführten „Olio-Küche" (= Oglio) mit geeigneten Kesselanlagen. Erst am Schluß des Balles wurde den erschöpften Gästen dieses Belebungselexier, von diesen „Oille" genannt, serviert. Außerdem wurden einige hundert Liter Gerstenschleimsuppe aufgetragen. Hier wetteiferten die Köche mit Ehrgeiz und originellen Ideen in der dekorativen Ausgestaltung der Schüsseln.

Rechts und links vom großen Buffet befanden sich die Tische mit den Getränken: Pilsner (böhmisches) und Schwechater (wienerisches) Bier vom Faß, beste in- und ausländische Weiß- und Rotweine, Bordeaux, Champagner „Moët et Chandon", Perier Jouet, sowie den vorzüglichen Hochriegler Schaumwein von der alteingesessenen Hoflieferantenfirma Johann Kattus.

Außerdem gab es Tee, Punsch, Sorbets, Gefrorenes, und die Hofzuckerbäckerei hatte gleich sechs bis sieben „Meterzentner" Hofzuckerln, wahre Berge von Bonbons und Bäckereien hergestellt. Für jeden Gast, ob in Uniform oder in Zivil, war ein Viertel Kilogramm vorgesehen, damit dieser die begehrten Zuckerln zur hellen Freude den nicht hoffähigen Damen und Töchtern nach Hause bringen konnte. Vor dem Buffet gab es stets ein furchtbares Gedränge, denn jeder wollte soviel wie möglich erraffen und sich die Taschen vollstopfen. Man behauptet, daß die goldbestickten Fräcke hoher Herren zu diesem Zweck mit wachstuchgefütterten, großen Taschen versehen waren.

Hofküche.

Hofball 5./II. 1907.	Zahl der Tische	Couverts [illegible]	Olio	[illegible]	[illegible]	[illegible]	[illegible]	[illegible]	Geflügel-Galantinen	Pâtés de Lièvre	Rindfleisch	[illegible]	[illegible]	[illegible]	[illegible]	[illegible]	[illegible]	Schinken	Zungen	[illegible]	Roastbeef
			Liter		~						Schüssel										
Ah. Herrschaften	3	45	10	5	.	.	.	.	.	.	.	.	.	.	.	.	.	.	.	.	.
Buffet – I. Abteilung	.	.	.	.	3	6	20	12	40	.	5	6	.	6	3	4	4	12	4	2	3
Buffet – Reserve	.	.	.	.	.	5	55	11	22	4	12	21	4	6	2	6	.	25	8	2	.
Buffet – Zusammen	.	2000	.	.	3	11	75	23	62	4	17	27	4	12	5	10	4	37	12	4	3
Technisches Appartement	14	140	40	10	.	.	.	.	.	.	.	.	.	.	.	.	.	.	.	.	.
Damen-Teetische	5	.	30	10	.	.	.	.	.	.	.	.	.	.	.	.	.	.	.	.	.
Allgem. Servierg.	.	.	100	30	.	.	.	.	.	.	.	.	.	.	.	.	.	.	.	.	.
Beamten-Buffet	.	.	15	5	.	1	5	1	4	1	1	3		.	1	.	.	3	2	.	
Reserven	.	.	55	.	.	.	.	.	.	.	.	.	.	.	.	.	.	.	.	.	.
Totale:	22	2185	250	60	3	12	80	24	66	5	18	30	4	12	6	10	4	40	14		

Anmerkung: In der Kammer sind für Ah. Se. Majestät nach dem Balle [illegible]
x für Hofballmusik-Direktor Zierer: 1 T. Consommé
x hinter der Estrade: 1 T. Consommé und Jagd[illegible].

Um sich eine Vorstellung von der Größe der Aufgaben der Hofzuckerbäckerei bei einem Hofball zu machen, seien die folgenden Daten über den Verbrauch genannt:

Ungefähr 4 Hektoliter, also über 8 Eimer (= 450 Liter) Oglio-(Kraft-)Suppe, 100 bis 120 große Teller Sandwiches (mit Butter, Crème und Sardinen belegte Brötchen), 40 Stück Guglhupf, 80 bis 100 große Schüsseln Krapfen, über 40 Schüsseln verschiedene Torten, 150 Schüsseln Kompott, 130 Schüsseln Teebäckerei und zentnerweise die Hofzuckerln.

Als konkretes Beispiel, was und wieviel beim Hofball serviert wurde, seien die Original-Listen der Hofküche, der Hofzuckerbäckerei und des Hofkellers für den Hofball am 5. Februar 1907 wiedergegeben. Was in der letzten Spalte unter „Babas" zu verstehen ist, wird in den Rezepten des Hofkochs Munsch erläutert.

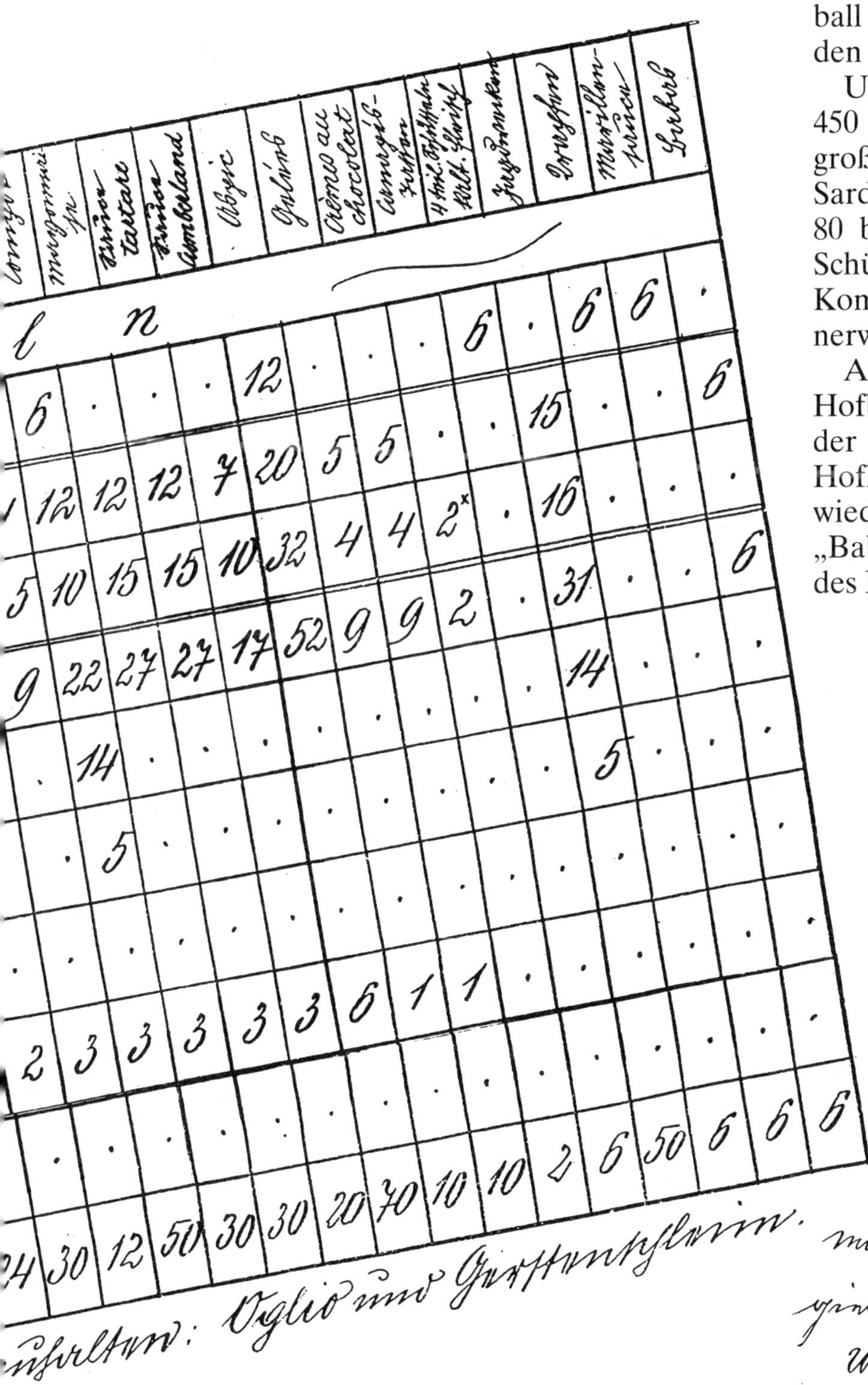

l		n													
6	.	.	.	12	.	.	.	.	6	.	6	6	.		
	12	12	12	7	20	5	5	.	.	15	.	.	6		
5	10	15	15	10	32	4	4	2x	.	16	.	.	.		
9	22	27	27	17	52	9	9	2	.	31	.	.	6		
.	14	.	.	.	.	.	.	.	.	14	.	.	.		
.	5	.	.	.	.	.	.	.	.	5	.	.	.		
.	.	.	.	.	.	.	.	.	.	.	.	.	.		
2	3	3	3	3	3	6	1	1	.	.	.	.	.		
.	.	.	.	.	.	.	.	.	.	.	.	.	.		
24	30	12	50	30	30	20	70	10	10	2	6	50	6	6	6

...halten: Oglio und Gerstenschleim.

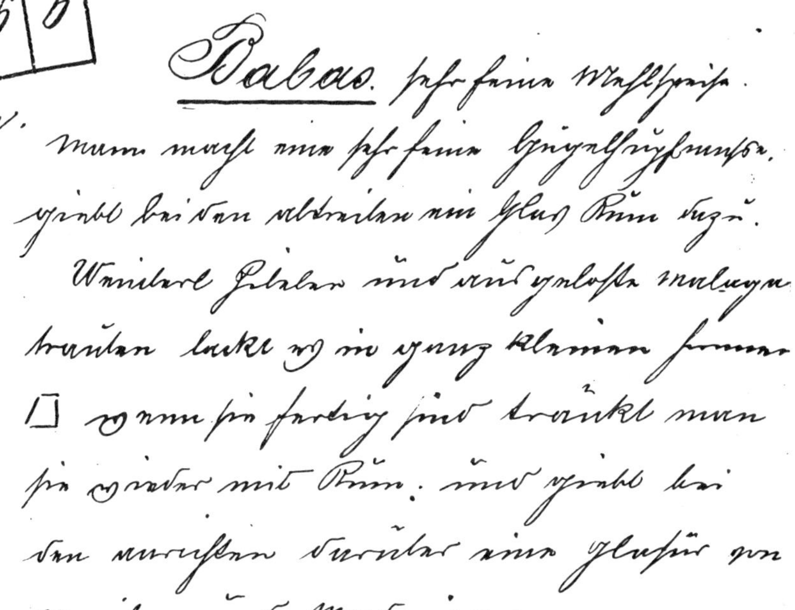

Babas. sehr feine Mehlspeise.
man macht eine sehr feine Gugelhupfmasse.
giebt bei dem abtreiben ein Glas Rum dazu.
Weinbeerl Zibeben und ausgelöste Malaga
Trauben bäckt es in ganz kleinen Formen
wenn sie fertig sind tränkt man
sie wieder mit Rum. und giebt bei
dem Anrichten darüber eine Glasur von
Marillen und Madeira.

Hofzuckerbäckerei.

Hofball 5./II. 1907	Zahl der Tische bezw. Couverts.	Dessert-Zuckerl	inländ. Zuckerl	Bäckerei	[illegible]-Bäckerei	Cakes-Bäckerei	[illegible]-Bäckerei	[illegible]-Bäckerei	Chocolade-Brot	Conserven-Brot	[illegible]	Herzogl. Confect	[illegible]-Bäckerei	[illegible]	Crème-[illegible]	[illegible]	[illegible]	[illegible]	[illegible]	[illegible]	Limonade
		Teller																			
Ah. Herrschaften	3 Tische = 45 Couv.	6	.	6	6	.	3	.	6	.	6	6	3	6	.	6	.	6	6	.	.
Neuer Saal.	1600 Personen	.	12 große, 2 [illegible], 6 [illegible]	12	.	.	.	8	4	4	12	.	.	2	.	.	.	.	.	.	.
Technisch. Appartem.	14 Tische = 140 Couv.	Dopp. 28	.	28	.	28	14	.	28	.	28	.	14	28	28	.	(14)	.	.	.	.
Damen-Teetische	5 Tische = 55 Couv.	Dopp. 10	.	10	.	10	5	.	10	.	10	.	5	10	10	.	(5)	.	.	.	.
Allgem. Servierg.	.	.	.	.	.	.	.	6	.	.	.	.	.	.	.	.	.	74	.	50	50
Beamten Buffet	.	.	6 Kg	.	.	.	.	.	2	2	2	.	.	.	2	.	.	.	.	.	.
Zum Nachservieren in allen Abteilungen Reserven.	.	.	300 Kg. 400 Stck.	24	14	34	.	36	10	54	12	.	30	14	20	.	.	.	.	.	.

Anmerkung: Nach dem Balle in die Kammer Ah. Sr. Majestä[t]

für Hofballmusik-Direktor Ziehrer: 1 Fl. [illegible] Moët [illegible]

unter dem Ah. [illegible]: 1 T. [illegible]-

Hofkeller.

Weichsel-Abzug	Punsch-Essenz	Punch à la Glace	Ananas	Pfirsich	Himbeer	Citronen	Erdbeer	Ribisel-Gefrornes	Orangen-Gefrornes	Café-Gefrornes	Orangen		Kaiser-Semmeln	Salzstangerl	Sandwiches	Mineral-wasser	Champagner	Bordeaux	Cognac	Wein weiss rot	Bier
Liter											Teller		Stück			Boutl.				Btl.	Ltr.
.	.	.	.	.	.	.	.	.	.	.	.	oben	50	50 Kl.	.	5	.	2	1/2	.	3 bay. 20 Lag.
												unten	6	6	.	.	4	.	1/2	.	.
.	.	.	.	.	.	.	.	.	.	.	14		1600	800 gr., 800 Kl.	30	10	500/:300 Reserve:/	150/:30 Reserve:/	.	.	500 Lt. Lager
.	.	.	.	.	.	.	.	.	.	.	28		.	.	.	5	.	.	.	.	100 Lt. 25 Bay.
.	.	.	.	.	.	.	.	.	.	.	10		.	.	.	5	.	.	.	.	50 Lt. 25 Bay.
20	50	40	10	10	10	10	10	10	10	10	.		.	.	.	.	.	.	.	.	.
.	.	.	.	.	.	.	.	.	.	.	4		60	60 gr. 60 Kl.	2	5	15	.	1 Stone	15 Ofner 15 Gumpoldsk.	75
													Summe:								
.	.	.	.	.	.	.	.	.	.	.	.		1716	866 gr. 910 Kl.	32	30	819	172	2/2 fine 1 Stone	15 Ofner 15 Gumpolds-kirchn.	790 Lager 3 Bayer

btl. Moët Impérial, 1 T. Champ.-Bäckerei, 1 Lt. Mandelmilch,
1 „ Orangeade
1 „ Limonade

1 T. Champagner-Bäckerei.

rei.

Um diese Mengen herzustellen, mußte die Hofküche, wie immer, die entsprechenden Lebensmittel beim Hofzehrgarden anfordern und die Geschirr- bzw. Silberkammer um Beistellung der nötigen Serviergegenstände (Schalen, Schüsseln, Tassen) und Dekorationsgegenstände ersuchen. Dies geschah mit dem Formular „Menu- und Provisionsbegehren".

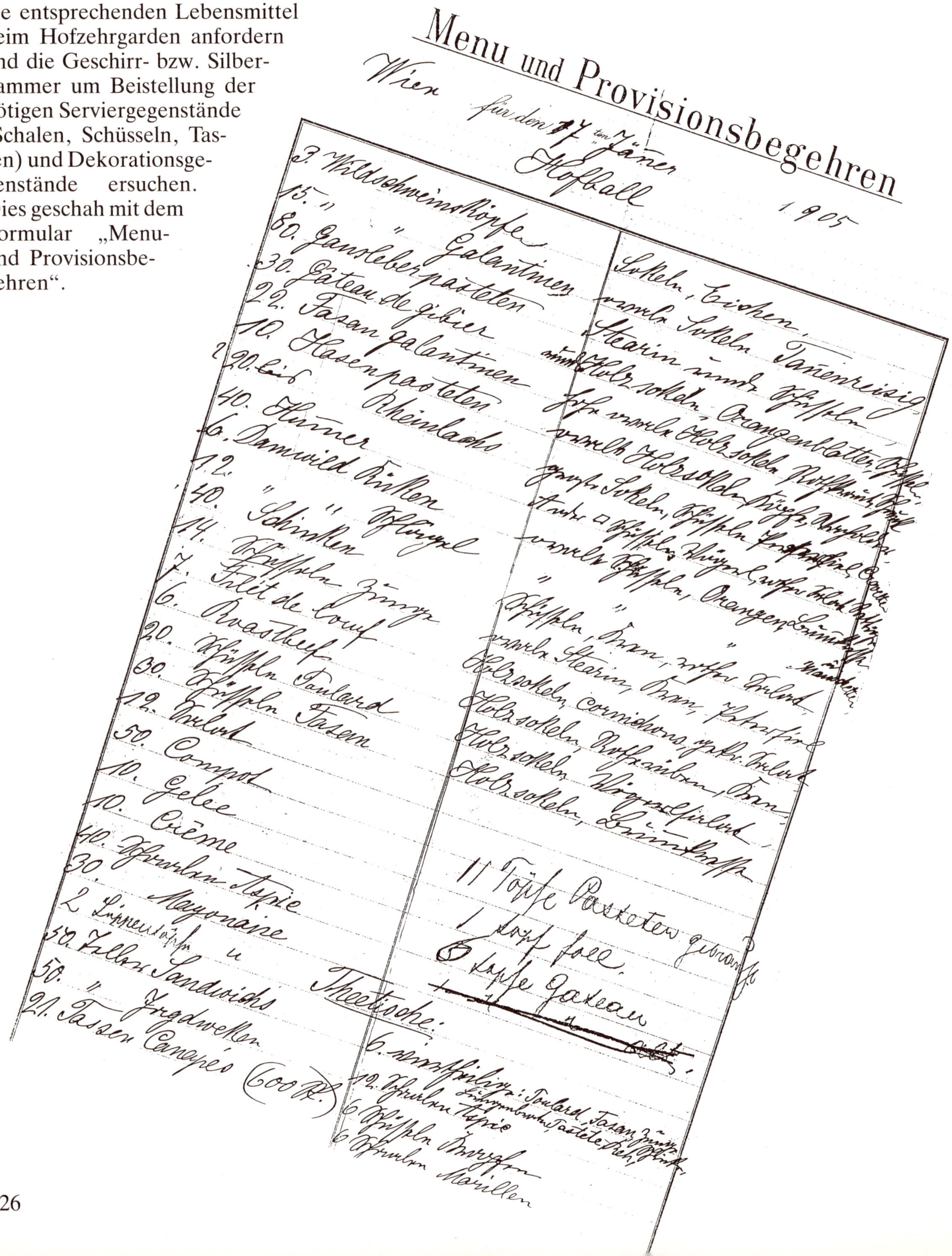

Menu und Provisionsbegehren

Wien für den 17ten Jänner 1905

Hofball

3. Wildschweinsköpfe
15. " " Galantinen
80. Gansleberpasteten
30. Gâteau de gibier
22. Fasan galantinen
10. Hasenpasteten
20. Stück Rheinlachs
40. Hühner
6. Damwild Rücken
12. "
40. " Schlegel
14. Schinken
Schüsseln Zungen
7. Filet de boeuf
6. Roastbeef
20. Schüsseln Poularden
30. Schüsseln Fasan
12. [illegible]
50. Compot
10. Gelee
10. Crème
40. Schüsseln Aspic
30. " Mayonaise
2 Lippenköpfe u
50. Teller Sandwichs
50. " Jagdwecken
21. Tassen Canapés (600 St.)

Sokeln, Eichen,
[illegible] Sokeln Tannenreisig
[illegible]

Theetische:
6. [illegible]

„Seine Majestät geruhen Sie am Sonntag, 19. Dezember, zu empfangen ...“

Hofzuckerln wurden auch beim Hofkonditor Demel am Kohlmarkt bestellt, der auch den Christbaumschmuck für die kaiserliche Familie lieferte.

Der Vorfahre Demels, August Dehne, war bereits Hoflieferant, denn schon der sechsjährige Franz Joseph schrieb seinem Bruder Max von einer Geburtstagsjause: „Um halb sechs Uhr, welches die Stunde des Gutés (gouter = Jause) war, setzten wir uns hin, und zuerst wurde Cafe mit einer Menge Bäckereien serviert, nachher kamen Faschingskrapfen, Gefrorenes, Mandelmilch und Bonbons von Dehne.“

Nikolo und Krampus aus Tragant-Zucker vom Demel

Christbaum-Behang für die kaiserliche Familie vom Hofzuckerbäcker Demel

1857 hatte Christoph Demel den Titel „Hoflieferant“ erworben und das Privileg, im Hofburgtheater am Michaelerplatz, zu dem ein unterirdischer Gang führte, Getränke und Süßigkeiten zu verkaufen. Zeitig am Morgen wurde der Milchkaffee, den die Mundküche der Kaiserin Elisabeth offenbar nicht zu ihrer Zufriedenheit herzustellen wußte, in ihre Appartements gebracht.

Am 24. Dezember 1915 berichtete die „Neue Freie Presse“, daß der Kaiser den Hofzuckerbäkker Demel empfangen habe, um persönlich die Auswahl der süßen Geschenke zum Christbaum für seine Enkelkinder auszusuchen. Diese Bonbons waren in künstlerische Umhüllungen aller Art gewickelt. Die Schächtelchen waren mit lieblichen Bildern, Bändern und Blumen geschmückt. Das diesbezügliche Hoftelegramm der Einladung lautete:

„Herrn k.u.k. Hofzuckerbäcker Demel, Wien I., Kohlmarkt 18. Schönbrunn 19./12.1915 um 3 Uhr n. Mittag. Allerhöchst Seine Majestät geruhen Sie am Sonntag, 19. Dezember, nachmittags, zu empfangen. Stunde wird rechtzeitig telefonisch bekanntgegeben. Kammer Sr. k.k.Apost. Majestät. Ketterl.“

Pünktlich erschien der Sohn Christoph Demels, Karl Demel, vorschriftsmäßig im Frack und wurde vom Leibkammerdiener Ketterl eingelassen.

Das „Neuigkeits-Welt-Blatt“ vom 25. Dezember 1915 schreibt unter der Überschrift „Der Christbaum in Schönbrunn“:

„Der Christabend bedeutet für die engere kaiserliche Familie einen doppelten Gedenktag, da er mit dem Geburtstag der verewigten Kaiserin Elisabeth zusammenfällt. Schon vorgestern wurden im Schönbrunner Schloß in jenen Appartements, die vom Erzherzog Franz Salvator und Erzherzogin Marie Valerie bewohnt werden, die Vorbereitungen für den Christabend getroffen.

Eine bis nahe an den Plafond reichende Tanne wurde in einem Salon des erzherzoglichen Paares errichtet und mit ihrer Schmückung durch Hofzuckerbäcker begonnen. Auf den Beschauer machte es den Eindruck, als ob die Tanne aus dem Boden wüchse. An der Vorderseite und an zwei anderen Seiten ist eine reizend ausgeführte Krippe angebracht, über der ein hell leuchtender Stern sichtbar ist.

Das Weihnachtsfest in der Wiener Hofburg im Salon der Kaiserin Elisabeth

Die hl. Familie und die hl. drei Könige aus Tragant vom Demel

Der Christbaum ist reich mit aus der Hofzukkerbäckerei stammenden Tragant- und Zuckerbäckereifiguren, ferner mit Bändchen und sogenanntem Silberhaar geschmückt. Zahlreiche elektrische Glühlichter in Kerzchenform befinden sich in den Zweigen. Den Wipfel des Baumes ziert ein schwebender Engel, der eine Bandschleife mit der Inschrift „Gloria in excelsis" ausgebreitet hält.

Auf weißgedeckten Tischen sind die vom Kaiser und dem erzherzöglichen Paar für die Kinder und Enkel bestimmten Christgeschenke, mit weißer Decke verhüllt, ausgebreitet, jedes Geschenk mit einem daraufliegenden Zettel, der den Namen des zu Beschenkenden enthält. Der Kaiser wird abends der Christbescherung beiwohnen."

Am Weihnachtsabend dinierte der Kaiser mit seinen Familienangehörigen und was hiebei aufgetischt wurde, zeigt die Karte vom 24. Dezember 1913.

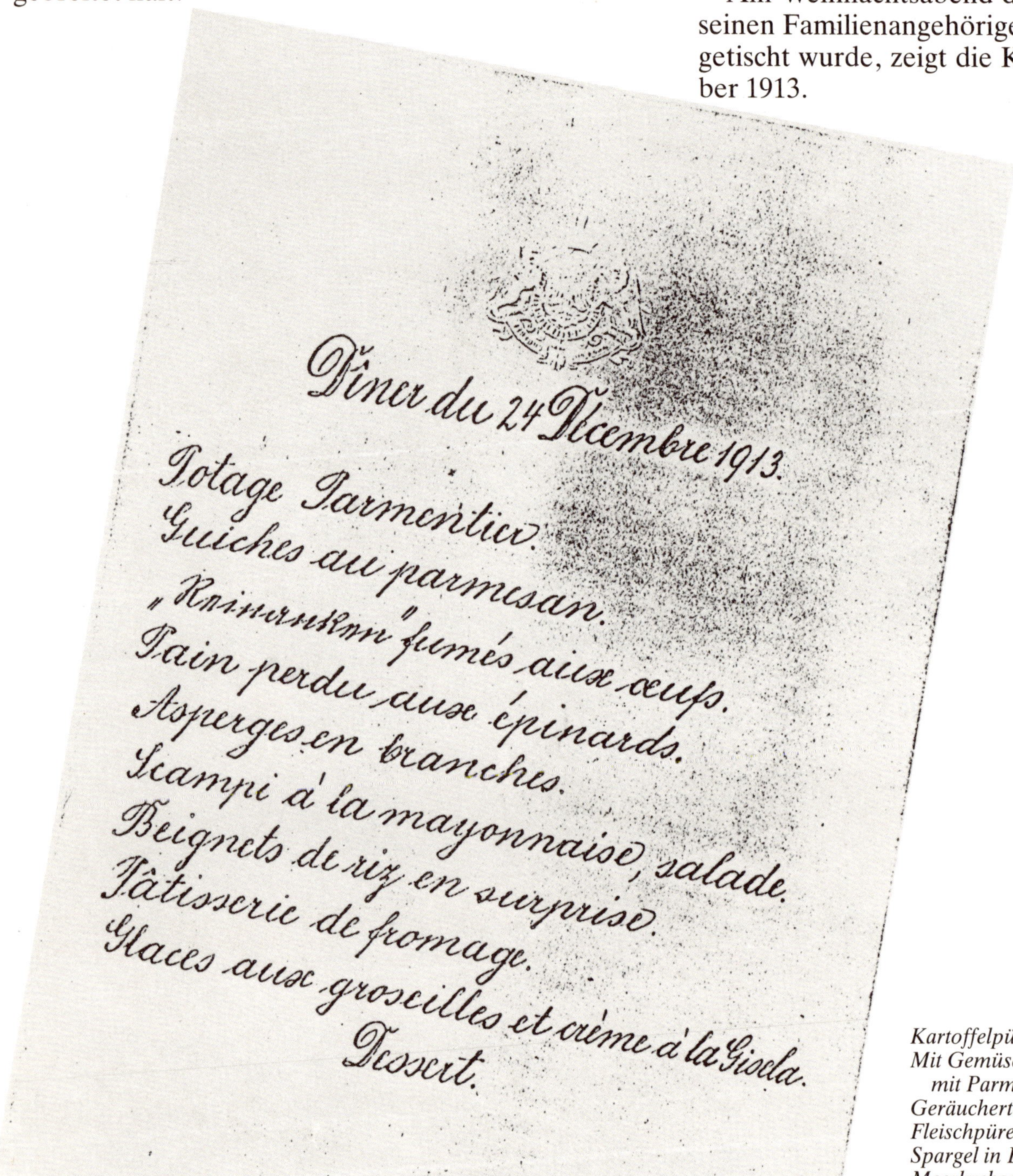

Diner du 24 Décembre 1913.
Potage Parmentier.
Quiches au parmesan.
„Reinanken" fumés aux oeufs.
Pain perdu aux épinards.
Asperges en branches.
Scampi à la mayonnaise, salade.
Beignets de riz en surprise.
Pâtisserie de fromage.
Glaces aux groseilles et crème à la Gisela.
Dessert.

Kartoffelpüreesuppe
Mit Gemüse gefüllter Mürbteig mit Parmesankäse
Geräucherte Reinanken mit Eiern
Fleischpüree mit Spinat
Spargel in Bündeln
Meerkrebse in Majonnaisesauce, Salat
Reiskrapfen
Käsebäckerei
Johannisbeeren-(Ribisel-)Eis und Crème à la Gisela
Dessert

Der Spion in der Backstube

In der Hofzuckerbäckerei waren den Wänden entlang die Küchengeräte aus Messing, die alten Backformen, sogenannte Backwandeln, ovale und runde, sowie die Pudding-Formen gestapelt. An der einen Wandseite war der große Backofen angebaut. Um ihn anzuheizen, waren fünfzehn bis zwanzig große Buchenscheite erforderlich. Wollte man in einen der tiefen Backöfen hineinleuchten, um den Stand des Backgutes zu kontrollieren, bediente man sich eines kleinen Spirituslämpchens, später eines regelbaren Gasarmes. Dieses Spirituslämpchen wurde „der Spion" genannt. Wenn der Vorgesetzte wünschte, daß man im Backofen nachsehen solle, so fragte er: „Haben Sie schon den Spion gemacht?"

Vor Einleitung der Gasbeleuchtung in der Küche gab es die aufpumpbaren Argantlampen mit Öllicht. Nach dem Jahre 1880 diente das Leuchtgas zur Raumbeleuchtung.

Kaiser Franz Joseph liebte süße Crèmesachen, aber auch den Kaiserschmarrn. Bei einem Jagdausflug bekam er einmal in einer Almhütte, einer sogenannten „Kaser", einen Schmarrn, der ihm so gut schmeckte, daß er gemeint haben soll, er wäre würdig, nicht „Kaserschmarrn", sondern „Kaiserschmarrn" genannt zu werden.

Die knusprigen Frühstückssemmeln für Franz Joseph wurden ebenso bald zu „Kaisersemmeln" umgetauft. Ein Liebhaber dieser Semmeln war der ägyptische Khedive Abbas Himy-Pascha, der das Wiener Theresianum (Offiziersschule) besucht hatte. Da er das Gebäck in Kairo sehr vermißte, ließ die österreichische Botschaft im Jahre 1899 einen Bäckermeister aus der Hofzuckerbäkkerei kommen. Obwohl ein eigener Backofen gebaut worden war, brachte der Bäcker nicht die gewünschte Qualität der Kaisersemmeln zustande. Angeblich war das Nilwasser daran schuld.

Ein Guglhupf soll das Staatsdefizit retten

Der „Guglhupf" war ein beliebtes Jausengebäck für Kaiser Franz Joseph. Seine Freundin Katharina Schratt kannte den Geschmack des Kaisers und wenn der Monarch am frühen Morgen zu der „gnädigen Frau" in die Gloriette-Villa kam, setzte sie ihm zumeist einen Guglhupf vor, der allerdings nicht immer, wie sie selbst zugab, von ihr zubereitet worden war, sondern heimlich über ihren Auftrag vom Hofzuckerbäcker Demel am Kohlmarkt geliefert wurde.

Einmal wollte das Obersthofmeisteramt eine Sparaktion starten – wie schon einige Male, jedoch ohne sichtbaren Erfolg – und da stießen die Sparmeister ausgerechnet auf den Guglhupf. Ab sofort sollte der Kaiser und der Generaladjutant Graf Paar nicht wie bisher täglich einen ganzen frischen Guglhupf bekommen, sondern der Guglhupf sollte nun für mehrere Tage ausreichen. Keiner getraute sich, dem Generaladjutanten diese Neuordnung zu sagen. Schließlich wurde das Abwaschweib (!) mit dieser kitzligen Mission betraut. Der Generaladjutant, stets bei gutem Appetit, nahm diese Maßnahme sehr übel und beklagte sich bei der Fürstin Croy darüber. Bald ging man wieder ins alte Fahrwasser über, denn bei einem Haushalts-Jahresbudget von fast zweiundzwanzig Millionen änderte die Ersparnis bei einem Guglhupf kaum etwas an dem hohen Defizit.

Süße Rezepte für das Kaiserpaar

Der Hofkoch A. Radlmacher erfand den „Kaiserguglhupf". Das Rezept hiezu findet sich in dem „Hand-Receptbuch für die Thee- und Mehlspeisküche. Mit Berücksichtigung eines handschriftlichen Nachlasses des k.u.k. Hofkoches A. Radlmacher, sowie nach Angaben anderer Chefs und Köche der k.u.k. Wiener Hofküche. – Zusammengestellt und redigiert von Friedrich *Hampel,* Hofkoch in der k.u.k. Hofmundküche und weiland der Erbprinzessin-Witwe Helene von Thurn und Taxis, Herzogin in Bayern. – Wien, Pest, Leipzig, Hartlebens Verlag 1896."

Aus diesem Rezeptbuch werden die Süßspeisen wiedergegeben, die nach dem Kaiser Franz Joseph bzw. nach der Kaiserin Elisabeth benannt oder von deren Mundköchen aufgeschrieben wurden.

HAND-RECEPTBUCH

für die

Thee- und Mehlspeisküche.

Mit Berücksichtigung eines handschriftlichen Nachlasses des k. u. k. Hofkoches A. Radlmacher, sowie nach Angaben anderer Chefs und Köche der k. u. k. Wiener Hofküche etc.

zusammengestellt und registrirt

von

FRIEDRICH HAMPEL

Hofkoch in der k. u. k. Hofmundküche und weil. der Erbprinzessin-Witwe Helene von Thurn und Taxis, Herzogin in Bayern.

WIEN. PEST. LEIPZIG.

A. HARTLEBEN'S VERLAG.

Rechte vorbehalten.)

1896

Umrechnungs-Tabelle.

Es wurde angenommen:

1 Pfund = 32 Loth oder 0·50 Kilogramm.

Gem. Bruch	Loth	Deka	Gekürzt
	1 =	1·56	$1^1/_2$ Deka
	4 =	6·24	6 „
$^1/_4$ Pfd. oder	8 =	12·48	12 „
$^1/_2$ „ „	16 =	24·96	25 „
$^3/_4$ „ „	24 =	37·44	37 „
1 „ „	32 =	50·—	50 „

1 Liter = 3 Seidel.

Gugelhupf S. M.

I.

15 Deka Butter gerührt mit
12 Dotter
25 Deka Mehl
3 Deka Germ.

II.

36 Deka Butter
12 Eier
50 Deka Mehl
5 Deka Germ.
Rosinen, Obers, Salz und Vanille

Man schlägt ein Ei nach dem anderen in die gerührte Butter, mischt immer einen Löffel Mehl dazu, zuletzt die in lauer Milch gelöste Germ und das andere. ¾ Stunden Backzeit.

Andere Art

25 Deka Butter gerührt mit
4 Dotter
6 ganze Eier
50 Deka Germ, Zucker, Salz, Milch, Geschmack.

Meraner Germ-Teig für S. M.

50 Deka Mehl
24 Deka Butter
6 Deka Zucker
3 Deka Germ, Milch, Zucker und Salz.

Fingerdicke, 13 bis 14 Centimeter lange Walzen, nicht bestrichen, langsam gebacken, ausgekühlt, halbirt, gebäht und glasirt.

Kaiser-Bögen

4 Eier schwer Zucker gerührt mit
4 Dotter
4 Schnee
3 Eier schwer Mehl.

Diese Masse ist auf ein geschmiertes Blech zu streichen, mit Pignolen zu bestreuen, langsam zu backen, in Streifen zu schneiden und im heissen Zustande über das runde Holz zu legen.

Zucker-Teig für I. M.

a) 12 Deka Mehl
9 Deka Butter
3 Deka Zucker
2 Dotter, etwas Wasser, Vanille.

Dieser Teig wird sternförmig ausgestochen, ein Ring mit Eierglasur darauf gespritzt und langsam gebacken.

b) 36 Deka Mehl
18 Deka Butter
13 Deka Zucker
6 Dotter. Geschmack (auch Chocolade).

c) 50 Deka Mehl
15 Deka Butter
6 Deka Zucker
4 Dotter.

Pouding à l'Impératrice

Die Charlotte-Form wird mit Wein-Gelée chemisirt, mit Früchten decorirt, gefüllt mit folgender Creme:

6 Dotter
½ Liter Milch
6 Löffel Zucker
6 Blätter Gelatine
3 Orangen den Saft;
¼ Liter geschlagenes Obers.

Schichtenweise mit Biscuits ausgelegt, welche mit Ribisel-Marmelade zusammengesetzt und in Madeira geweicht sind. Mit kleinen Gelée-Förmchen garnieren.

Für zwei Formen wird benöthigt:

1 Bouteille Madeira
2 Bouteillen Herrschaftswein
6 Teller Biscuits
6 Orangen
1 ½ Kilo Zucker
1 Glas Ribisel-Gélee
¼ Kilo Ananasspalten
1 Kilo gemischte Früchte
12 Stück Eier

Elisabeth-Kränzchen

30 Deka Mehl
18 Deka Butter
12 Deka Zucker
1 Ei, Zimmt, Citrongeschmack.

Es sind zackig ausgestochene Ringe, die bestrichen, mit Hagelzucker bestreut, langsam gebacken werden.

Reichenauer-Zwieback I. M.

25 Deka Zucker geschlagen mit
4 Eier;
25 Deka Mehl.

Der daraus geformte Wecken muß ¾ Stunden rasten, dann erst gebacken, geschnitten und gebäht werden.

Champagner-Biscuit I. M.

15 Deka Zucker geschlagen mit
5 Eier;
6 Deka Butter
9 Deka Erdäpfelmehl.

In Form oder Kapsel zu backen, beliebig zu glasiren.

Veilchen-Gefrorenes

Frische Veilchen lässt man in Milch aufkochen und ausziehen, passirt sie, bereitet damit eine Crême à l'Anglaise, färbt sie violett und grefriert sie.

Bemerkung: Bei Gefrorenen von Früchten, wie z. B. von Melonen, Marillen, Pfirsiche, Erdbeeren, Weichseln, Ananas, Citronen, Mandarinen, Orangen etc., aus welchen ein Saft oder ein Purée zu bereiten ist, wird dieses mit Sirup bis zu 18 oder 20° vermehrt, respective verdünnt.

Die übrigen Créme-Gefrorenen, z.B. von Kastanien, Haselnüssen, Pistacien, werden mit einer Vanille-Créme bereitet, unter welche man die betreffende Essenz, Geschmack oder Créme dazumischt.

Im Jahre 1914 gab der Hofkoch Friedrich Hampel den „Ersten Wiener Kochkunst-Kalender" heraus, in welchem seine Kollegen von der Hofküche Spezialrezepte verraten.

Kaiser-Gugelhupf

Bedarf: 28 dg Mehl, 20 dg Butter, 5 ganze Eier, ½ Seidl Milch, 5 dg Germ, Rosinen, Zucker, Salz und Zitronengeschmack.

Rezept: Die Butter wird flaumig gerührt, dann wird nach und nach 1 Ei mit 1 Löffel Mehl darunter geschlagen, ferner mit dem obigen Mehl und der Milch gut abgetrieben, die aufgelöste Germ dazu gegeben, ebenso Rosinen, Zucker u.s.w. und füllt den Teig in eine gut ausgeschmierte, mit Mehl bestaubte Form. Diese darf bloß ein drittel angefüllt sein und läßt den Teig jetzt aufgehen. Nach 1 Stunde, wenn die Form ¾ Teile voll ist, wird der Gugelhupf in mittelheißer Röhre ¾ Stunden gebacken, gleich gestürzt und ausgekühlt.

Wiener Faschingskrapfen (Echte, feine)

Bedarf für 40–50 Stück: 56 dg Mehl, 10 dg Butter, 3/10 l Milch, 8 Eidotter, 3 dg Germ, 6 dg Zucker, 1 Brise Salz. (Zitronengeschmack).

Einige praktische Ratschläge werden immer erwünscht sein, deshalb beachte man, daß das Mehl gewärmt und die Germ frisch sein muß. Mit ein Drittel Mehl und 1/10 l Milch mache man das sogenannte Dampfl und läßt es gut aufgehen.

Die Dotter schlägt man in einen Weidling, gibt den Zucker dazu und rührt beides ungefähr eine Viertelstunde recht schaumig. Dann gießt man die laue Milch dazu, verrührt dies, dann das Mehl, das Dampfl, die aufgelassene Butter, das Salz und schlägt den Teig fein ab, bis er nicht mehr am Löffel kleben bleibt und Blasen wirft.

Der Teig wird zusammengemacht, bestaubt, mit einem Tuch zugedeckt und nochmals aufgehen gelassen. Die Ausarbeitung ist zu gut bekannt, um ausführlicher besprochen zu werden.

Die Mundköchin der Kaiserin Elisabeth, Therese Teufl, schrieb ein Rezept nieder, das dem kalorienarmen und minimalen Essen Ihrer Majestät entsprach.

Cabinet-Pouding (Biskuitpudding)

7 dg Butter werden abgetrieben, dazu kommen 7 dg Zukker, 6 Dotter, 4 Schnee, 9 dg in Würfel geschnittene Biskuits, mit etwas Milch angefeuchtet, 3 dg Mehl.

NB: Man begießt den Pouding mit Chauteau, nachdem er langsam ¾ Stunden gekocht hat. Würflich geschnittene Früchte oder Rosinen werden gerne unter die Masse gemischt.

Der Küchenchef des Ersten Obersthofmeisters am Wiener Hof Fürsten Montenuovo, F. Stadler, gibt die Zubereitung seines Hummer-Salates preis:

Pain de homard à la Francatilly

Eine Bombform wird mit Aspik gut chemisiert, mit Trüffelscheiben und den Scheren eines Hummers schön dekoriert und in Eis beiseite gestellt. Nun schneidet man den Schweif in schöne Scheiben und nappiert diese ebenfalls mit Aspik. Von dem Übrigen und den Abfällen bereitet man einen pikanten Hummersalat mit Mayonnaise, mengt darunter noch 3 harte in Würfel geschnittene Eier, würzt alles mit etwas englischem Senf und Worchestershiresauce, mit Körbelkraut, Bertram, Schnittlauch und etwas Dullkraut. Der Salat wird noch mit eingekochter Aspik gebunden, in die Form gefüllt, zirka ¾ Stunden gestürzt, mit den Hummerscheiben umlegt und serviert. Mayonnaisesauce wird extra dazu gegeben.

Vom Hofzuckerbäcker Michael Enyedy erfahren wir, wie man die Apponyi-Torte, eine Spezialität des ungarischen Hofkonditors Kugler, zubereitet:

Apponyi-Torte
(Spezialität à la Hofkonditor Kugler, Budapest)

10 Eier Schnee, 16 dg Staubzucker; hiezu werden langsam eingerührt: 5 dg fein geriebene Haselnüsse, 12 dg Schokolade (ebenfalls bloß gerieben), 3 dg Mehl.

Die Masse wird einen halben Finger dick auf Papier gleichmäßig aufgestrichen, bei mittlerer Hitze gebacken, ausgekühlt und in symetrische, sechseckige Blätter (zirka 4 bis 5 Stück) geschnitten.

Diese werden mit folgender Schokoladecrême gefüllt, aufeinander gesetzt, die obere Seite mit Schokoladeglasur überzogen, die Seiten mit obiger Crême bestrichen und herum mit senkrecht aneinander gereihten Hohlhippen garniert.

Der obere Rand der Torte wird mit Crême gespritzt und mit halbierten Pistazien verziert.

Crême: 25 dg Zucker werden zur Kugel gekocht. 4 Dotter werden in einem Weidling mit einer Rute und dem kochend heißen Zucker aufgeschlagen, hiezu werden 30 dg Butter, 12 dg aufgelöster Kakao und 2 dg Kakaobutter darunter gerührt, das ganze ausgekühlt und in einer Gefriermaschine ausgefroren.

Für die Reisen des Kaisers Franz Joseph zu den Manövern oder zur Jagd hat der Hofkoch Hampel eine Kaffee-Essenz gebraut, da der Monarch seine Mahlzeit stets mit einer Tasse Mokka abzuschließen pflegte.

Kaffee-Essenz
(Für Reisen, Manöver, Jagden)

Ein Eßlöffel davon in eine Tasse kochende Milch genügt zu einer vorzüglichen Melange.
Bedarf: 500 g Rohzucker (Kandis), 250 g gebrannter und geriebener Kaffee, 2 l Wasser.
Rezept: Der Zucker wird unter fleißigem Rühren zu tiefdunklem Karamell geröstet, das Wasser dazugegeben und mit diesem verkocht.
Damit wird der Kaffee in einer Maschine (wie ein gewöhnlicher) langsam aufgegossen.
Die Essenz wird in verkorkten Flaschen verbunden, in Dunst gekocht.

Alexander Spörk gibt bekannt, wie man Gurken nach leicht verdaulicher Art einlegt.

Wiener Senfgurken

Kleine, grüne Gurken werden geschält, der Länge nach halbiert, die Kerne herausgeschnitten, gut eingesalzen und zugedeckt in einer irdenen Schüssel über Nacht stehen gelassen. Am anderen Tag werden sie auf ein Sieb geschüttet und mit einem Tuch gut abgetrocknet. Nun legt man die Gurken eng zusammen in Dunstgläser, gibt in jedes Glas ein Kaffeelöffel bittere Senfkörner, füllt diese mit abgekochtem Essig voll, verbindet sie mit Schweinsblase und läßt sie eine Viertelstunde in Dunst kochen.
NB: Diese Gurken sind den sogenannten Salzgurken durch ihren Geschmack und ihre Leichtverdaulichkeit vorzuziehen.

Der Hofzuckerbäcker Rudolf Barwig schrieb das Rezept der

Langues de chats
(Katzenzungen nach eigener Art)

Von drei Eiern Schnee. Ist dieser fest und steif, werden 150 g Zucker nach und nach darunter geschlagen. Ebenso wird ¼ l Schlagobers dick geschlagen, mit obiger Masse gemischt, zuletzt 10 dg Mehl mit Vanillegeschmack darunter verrührt und auf geschmiertes Blech wie kleine Biskoten gespritzt. Sie werden mittelheiß gebacken, sogleich vom Backblech geschnitten und zum Gebrauche bereitgestellt.

Schnitt durch die drei Kelleretagen
A B.

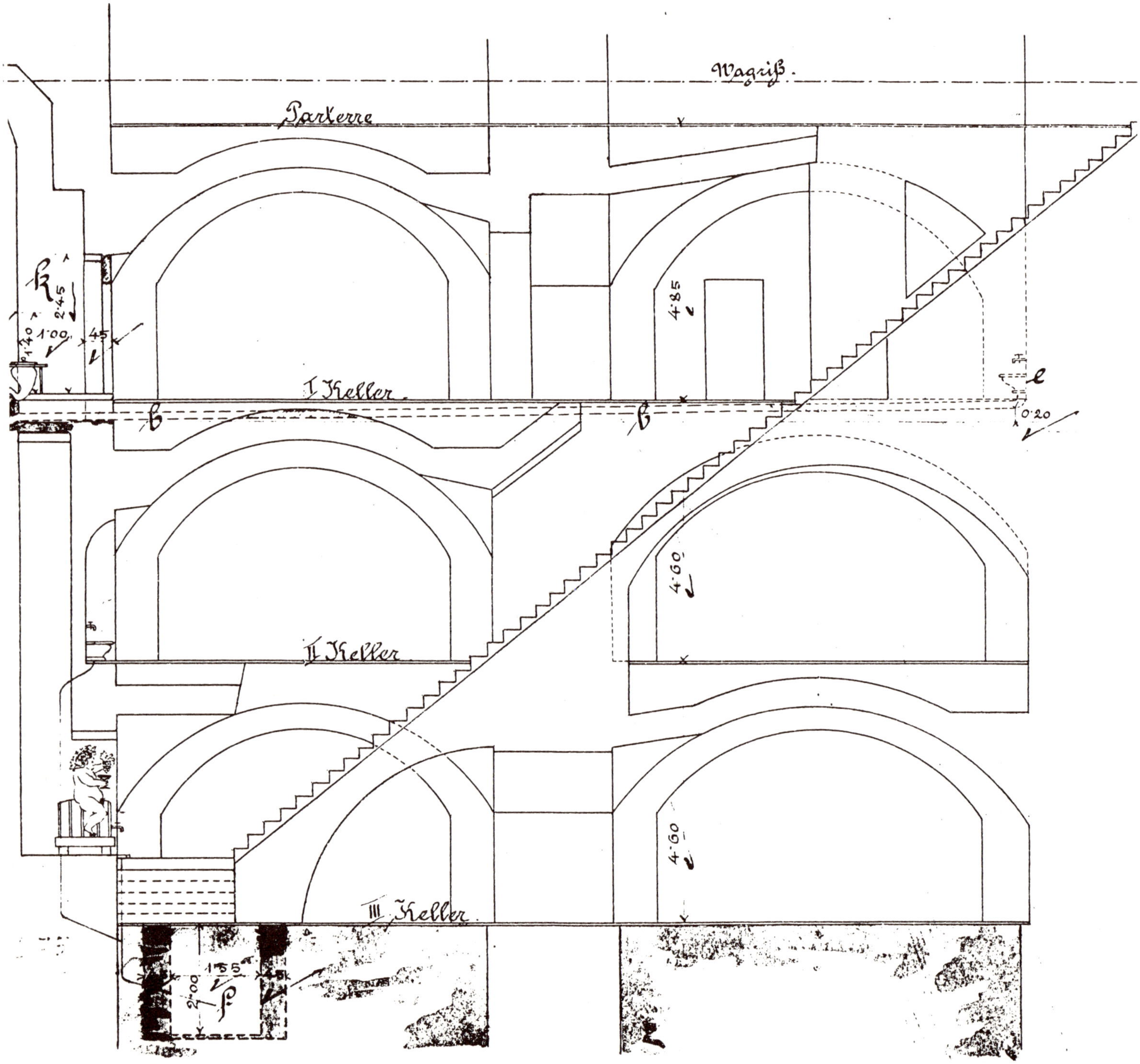

AVFNAHME DES K.K. HOFWEINKELLERS DER HOFBVRG IN WIEN. LEOPOLDINISCHER TRAKT.

I. ETAGE.

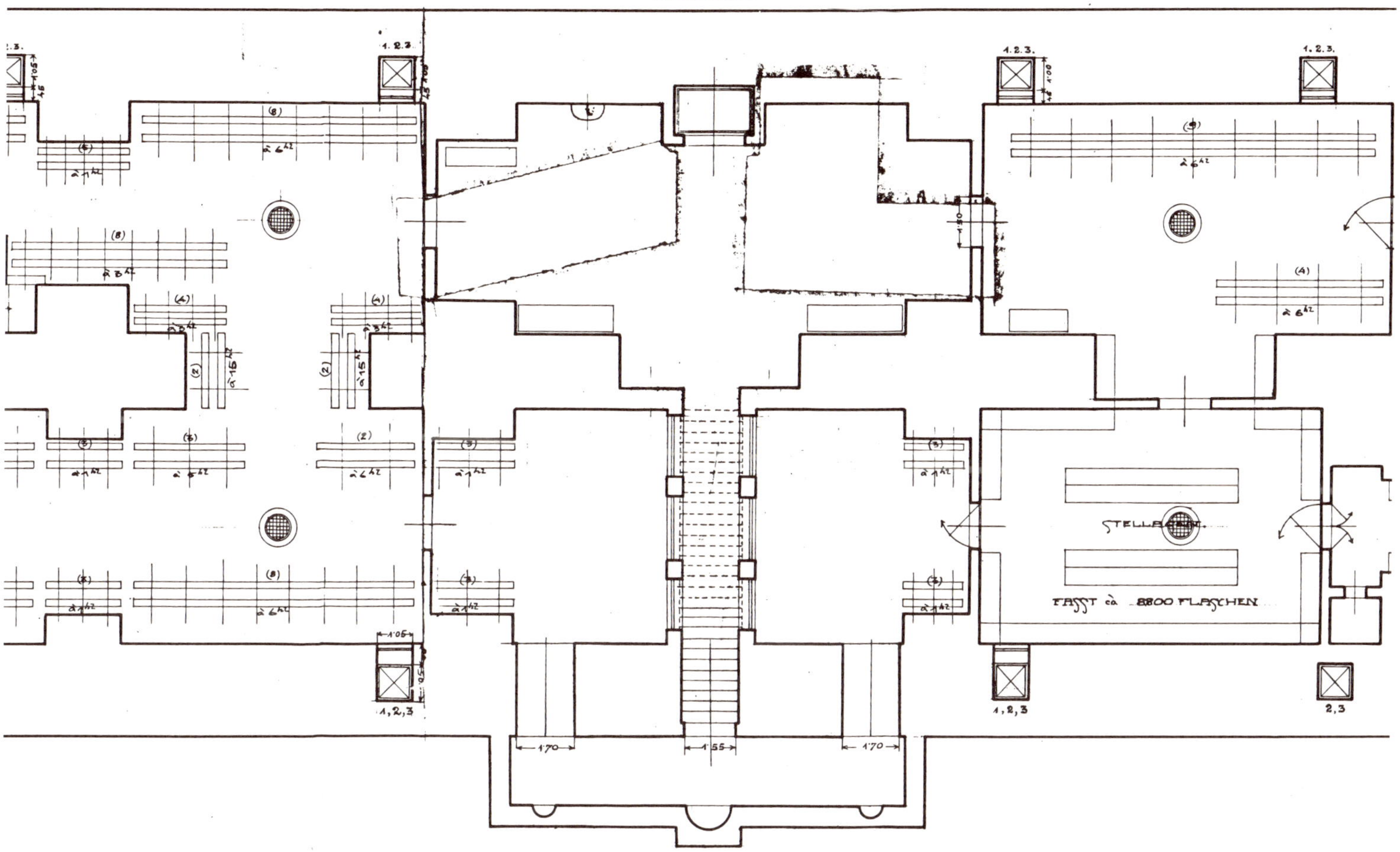

III. ETAGE.

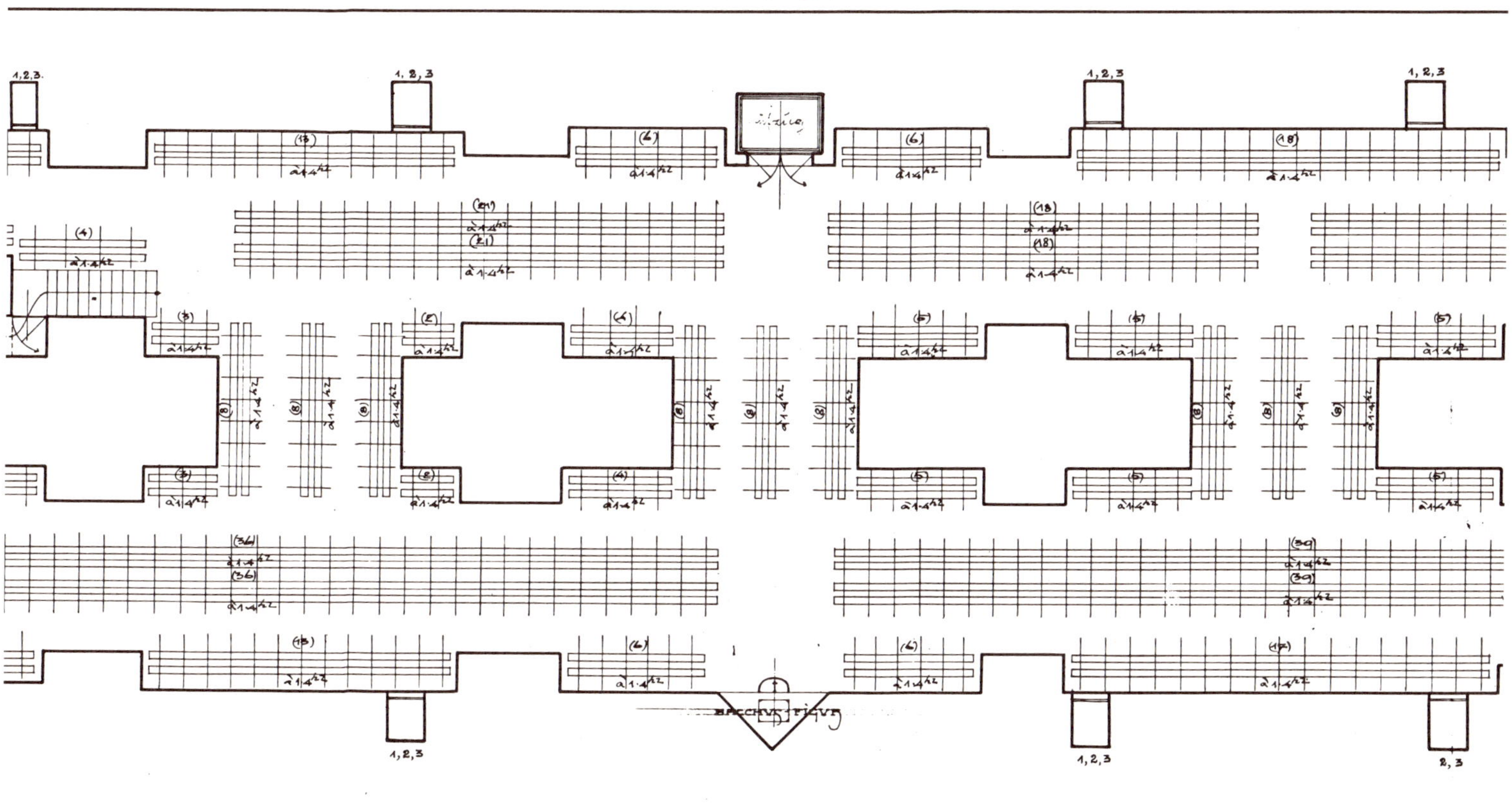

Eingang in den Hofkeller im Leopoldinischen Trakt der Hofburg

III

Der k.u.k. Hofkeller

Kaum hatte man die erste Burganlage auf Wiener Boden gebaut, so war auch schon ein Weinkeller vorhanden. Unter Rudolf IV. (1358–1365) wird urkundlich erwähnt, daß der Herzog die Stiftungen für die im großen (West-)Turm errichtete Kapelle durch eine Abgabe aus dem Hofkeller verbesserte. Damals kamen schon aus Ungarn, aus Italien über Venedig und aus Griechenland die süßen Weine. Besonders beliebt war der Malvasier aus dem Pelepones, er galt als Damenwein. Laut Burg-Teilungsvertrag vom 24. Mai 1458 waren zwei Fronten der alten Burg unterkellert.

Am 13. September 1537 berichtet die niederösterreichische Finanzkammer über Auftrag Kaiser Ferdinands I. über die Herstellung eines „khalten Kellers, darinnen die sueßen Wein und annder Wein" aufbewahrt werden könnten. Hiezu spricht der Baumeister Tscherte von einem oberen Keller, dessen Fenster in den Burggraben gehen und einem „vuderen Keller".

Um im dreißigjährigen Krieg zu Geld für Verteidigungszwecke der Stadt zu kommen, führte Kaiser Ferdinand III. am 15. Oktober 1639 eine eigene Weinsteuer für die Stadt Wien ein, laut Codex Austriae p. 498: ein Groschen pro lagerndem Eimer Wein, was auch für den Hofweinkeller galt. Als im Jahre 1640 die Schweden unter Torstenson vor Wien erschienen, wurden sie von den Wienern unter ihrem Anführer Erzherzog Leopold Wilhelm, dem jüngeren Bruder Kaiser Friedrichs III., verjagt oder gefangengenommen. Aus Mitleid und Spott erhielten nun die gefangenen Schweden ein Glas des besteuerten Weines. Von da an hieß dieser Wein „Schwedenwein".

Noch im 19. Jahrhundert wurde im Hofkeller ein Wein vom Jahre 1499, der sogenannte „Weinstuben-Wein", aufbewahrt. In diesem Jahr gab es eine Riesen-Weinlese und die Fässer und Gebinde reichten nicht aus, das kostbare Naß aufzunehmen. Also schlug man Behälter aus Brettern auf und nannte sie „Weinstuben". Das Lesen der Trauben dauerte Tag und Nacht, so lange, bis schon tiefer Schnee fiel. Natürlich sank auch der Weinpreis. Ein Maß Gebirgswein kostete zwei Pfennige und der Landwein gar nur einen Pfennig durch das ganze Jahr. Da wußte so mancher Weinliebhaber kein Maß und Ziel mehr und trank sich zu Tode. Diese Vorräte an Hofstubenwein, aber auch die anderen guten Weinsorten, wurden bei den Invasionen der Franzosen in den Jahren 1805 und 1809 durch die Hofdiener dadurch geschützt, daß die Eingänge zu den untersten Stockwerken des Kellers im Leopoldinischen Trakt der Hofburg vermauert wurden. Einen kleinen Teil vom Tokayer-Wein, den die Franzosen vorfanden, ließ Napoleon nach Paris schaffen.

Drei Stockwerke unter der Erde

Die Räume des Hofkellers stammen aus der Zeit, als der Leopoldinische Trakt, die Verbindung des Schweizerhofes mit dem Amalienhof, erbaut wurde (1660–1672). Der Erbauer dieses Gebäudes bzw. des darunter befindlichen Hofkellers, Kaiser Leopold I., beauftragte den Bindermeister Johann Zugk zu Müglitz in Mähren, ein Riesenfaß für seinen Hofkeller anzufertigen. Das Faß wurde am 5. Mai 1698 geliefert und faßte 5050 Eimer (= über 285.000 Liter). Vorne am Spund waren dreißig Adler aus Holz in Lebensgröße angebracht. Das Faß ruhte auf geschweiften Bänken, an jeder Seite von einem massiven Löwen gestützt.

Der Eingang zum Hofkeller befindet sich in der Mitte des Traktes, neben der ehemaligen Burgwache. Im ersten Stock des Gebäudes lagen die Zeremoniell-, im zweiten die Fremden-Ap-

partements. Im Halbstock war die ehemalige Militärkanzlei untergebracht und direkt darunter, im Hochparterre, waren die Verwaltungsräume – die Officen – des Hofkellers, aus welchen man über steile Stufen in die Kellerräumllichkeiten gelangt. Rechts und links erstrecken sich fünf Meter hohe Gänge aus Tuffgestein in Richtung Schweizerhof bzw. Amalientrakt. Der unter dem Amalienhof befindliche Teil des Hofkellers bildet eine lange, verzweigte Röhre. Pfeiler und Wände trennen die Kellerräume, die drei Stockwerke hinunterreichen.

Über den steilen Stiegenabgang wurden die Weinfässer – damals „Fuhrfässer" genannt – von über 7 bis 8 Hektoliter Hohlgehalt hinunter- und ebenso hinaufbefördert. Diese ziemlich gefährliche Arbeit, oft mit Unglücksfällen verbunden, wurde durch die Faßziehergilde besorgt und für die Wiener war es jedesmal ein Mordsspektakel, dem riskanten Auf- und Abhanteln der Fässer zuzuschauen. Um dieses gefahrvolle Manipulieren mit den Fässern zu vermeiden, wurde ein

Der Hofkeller um 1910

Das Riesenbetonfaß im Hofkeller für rund 70.000 Liter Mischwein

elektrischer Aufzug in die Stiege eingebaut, und in sämtlichen Stockwerken des Hofkellers, welche bisher nur durch Unschlitkerzen erhellt wurden, die elektrische Beleuchtung eingeführt. Damals wurden auch die großen, vermorschten Lagerfässer durch Eichenholzfässer mit 50 bis 100 Hektoliter Rauminhalt ersetzt.

Im ersten Geschoß erblickt man noch heute das vom letzten Hofkeller-Verwalter Joseph von Renglovics erbaute Riesenbetonfaß, innen mit Glasplatten versehen, das die Größe einer Villa erreicht und 673 Hektoliter (= 67.300 Liter) faßt. Die mit Keramikfliesen bedeckte Vorderseite zeigt das Habsburgerwappen in Farbe und Gold. In diesem Riesenfaß wurde der Mischwein gehalten, der zur Versorgung der Hofdienerschaft diente. Darnach reihten sich ein Ovalfaß aus dem

Jahre 1850 mit dem geschnitzten Bildnis Kaiser Franz Josephs sowie andere Eichenfässer, geschmückt mit den Bildnissen des Kaiserpaares, der Erzherzöge oder mit Sinnsprüchen. In einer Nische stand ein Faß aus Sandstein, darauf ein bekränzter Bacchus ritt.

Um 1900 erhielt der Hofkeller auch eine neue Wasserleitung, welche zur Reinigung des Faßgeschirrs, der Kellereigeräte und der unzähligen Flaschen dringend notwendig war. Das dabei abgehende Spülwasser wurde in einer, im dritten Stockwerk, unter der Bellaria-Stiege des Leopoldinischen Traktes gelegenen Zisterne gesammelt und mittels einer elektrischen Pumpe in einen außerhalb gelegenen Kanal hinaufbefördert.

Im Manipulationsraum waren die Filtergeräte zur Veredelung des Weines aufgestellt und im Handkeller standen Stückfässer mit den Stiftsweinen. Im Flaschenkeller des ersten Stockwerkes, links vom Eingang, waren auf hohen, aus starkem, gebogenem Eisendraht verfertigten Stellagen bis zu 60.000 Flaschen mit Wein oder Likör aufgestapelt.

Ein Teil des Flaschenkellers, der „Ausländerkeller“, enthielt die wertvollen, sortenweise gelagerten Ausländerweine. Dieser Keller stand unter der persönlichen Sperre des Hofkellermeisters. Da waren Dessertweine, französischer Champagner, rote und weiße Bordeauxweine, Burgunder, Rhein- und Moselweine, französischer Kognak und verschiedene ausländische Liköre. Alle diese „Ausländer“ waren ausschließlich für die kaiserliche Hoftafel bestimmt.

Der Hofkellermeister prüft Weinflaschen

Links unten: Kellermeister A. Haucke vor einem Eichenfaß
Rechts: Eichenfässer mit geschnitzter Kaiserkrone und dem jugendlichen Kaiser Franz Joseph

Im Jahre 1900 wurden im Amalienkeller eiserne Stellagen für rund 150.000 Flaschen Tokayerweine und Johannisberger Zehent-Rheinweine aufgestellt. Diese Weine konnte jedermann kaufen.

Je älter die Flasche, je länger sie also lagerte, desto mehr war sie von der Kellerpatina, einem hauchfeinen, grauen Gespinst, umgeben. Dieser Kellermoder bildet sich nur in einwandfreien, tiefen, in der Temperatur stets gleichbleibenden Kellern. Die Temperatur in diesen Weinkatakomben betrug auch an den heißesten Sommertagen jahraus jahrein nur etwa zehn Grad, im untersten Kellergeschoß gar nur acht Grad. Auch die schweren eisernen Gittertore, die die einzelnen Kellerabteile trennten, zeigten den teils fausthohen, spinnwebenartigen Kellerschimmel.

Eine zweite Stiege mit zwei Absätzen und zweiundzwanzig Stufen führt ins Mittelgeschoß mit einem Gang gegen die Bellaria zu. Dort standen ebenfalls Stückfässer mit einem Fassungsraum von 53, 90 und 136 Hektoliter. Ein Eichenholzfaß trug den sinnvollen Vers aus Schillers „Glocke“:

„Ein guter Trunk
Macht guten Mut
Beides kommt
Dem Land zugut.“

Das älteste Faß stammte aus ca. 1800, das größte Faß konnte 215 Hektoliter aufnehmen. Auf sämtlichen Fässern war die Kaiserkrone geschnitzt.

Schließlich führte noch eine dritte Treppe ins unterste Geschoß, wo kleinere Stückfässer standen. Da unten ist es so unheimlich still, daß man seinen eigenen Atem hören kann, und fällt ein mattbläuliches Licht durch das runde Lüftungsgitter an der Decke auf die Bodenziegeln, so glaubt man sich in die Kerkerszene von Beethovens „Fidelio“ versetzt. In diesen beiden unteren Etagen waren oft bis zu 18.000 Hektoliter Wein eingelagert.

Bleibt ein solches Eichenfaß zu lange leer, dann „stirbt“ es, und so starben nach dem Kriege viele Fässer. Heute ist kein Faß mehr zu sehen, und die Untergeschosse sind abgemauert.

Tokayer-Tropfessenz war kostbarer als Gold und Perlen

Das Inventar des Hofkellers stellte eine Art „Welt-Wein- und Likörkarte“ dar. Ständig lagerten hier drei Sorten österreichischen Tischweines, dann roter Bordeaux, Rheinwein und der berühmte ungarische Tokayer. Auch die Ernte des k.u.k. Weinberges Tarczal in Ungarn kam in den Hofkeller.

Der weltberühmte Tokayer kam aus den 120 Joch (63 Hektar) großen Weingütern nahe der an der Theiß gelegenen Stadt Tokaj, welche sich an eine langgestreckte Berglandschaft aus vulkanischem Gestein, der sogenannten „Hegyalya“ („unter dem Berge“) anlehnt. Die dortigen Ortschaften Tarczal, Tokaj und Hegyszöllö mit den dazugehörigen Weinbergen waren einst Eigentum des Siebenbürger Fürsten Rakoczy. Nach der Niederwerfung des Aufstandes fielen diese Weinberge (1711) an das Haus Habsburg. Unter Kaiser Franz Joseph oblag die Verwaltung der Weingüter dem ehemaligen Flügeladjutanten Franz Graf Szirmay, später übernahm sie der königlich ungarische Rat Aladar von Rethy.

Die Lese der Tokayer Trauben begann erst Ende Oktober oder im November, sogar noch im Dezember, wenn der erste Rauhreif den Beeren die „Edelfäule“ verleiht und die überreifen Beeren durch die Trockenheit bereits zu Zibeben schrumpfen. Sie hatten dann den höchsten Zukkergehalt.

Nach der Lese kamen die Weine in sogenannte „Gönczi-Fässer“ von 140 bis 150 Liter Hohlgehalt und wurden in den dortigen Felsenkellern gezogen. Im Frühjahr kam eine Kommission vom kaiserlichen Hofkeller in Wien in Begleitung von Mitgliedern der ungarischen Regierung, die nun 600 bis 800 kleine Fässer Weines durchkosten mußten, was gar kein besonderes Vergnügen war, denn die 14 bis 20 Tage dauernde tägliche Kosterei griff durch die im Wein enthaltene Weinsäure die Zähne und den Magen an.

Die Weine wurden dann mittels Sonderzug nach Wien in den Hofkeller überführt. Nach 1900 bis Ende 1917 kamen in rund 800 Fuhr- und Gönczifässern über 6000 Hektoliter Tokayer zur Einlagerung nach Wien. War ein Tokayer Wein essigstichig geworden – das war dann der Fall, wenn das Faßholz zu porös war und daher Luft einließ –, so wurde er im Hofkeller mittels eines Brennapparates zu Tokayer Brandy verarbeitet und sodann in Flaschen zwei Jahre lang gelagert.

Von den feurigen Tokayer Weinen gab es fünf Qualitäten: den Tokayer „Tischwein“, es war dies ein schlechterer Jahrgang, in welchem die Trauben im ganzen ungleich reiften oder die Trauben waren in ungünstigerer Riedenlage gewachsen; den Tokayer „Bratenwein“ aus vollsaftigen, jedoch ungleich gereiften Beeren; den nicht zu süßen, aber sehr feurigen Tokayer „Szamorodner“ (= „natürlich“) aus teils saftigen, teils geschrumpften Beeren. Dann der Tokayer „Ausbruch“ („Maslas“), der auf folgende Weise bereitet wurde: Die überreifen Trauben kamen in Butten, wo sie mit einem Holzstössel zerquetscht – „ausgebrochen“ – wurden. Die Masse wurde in ein Gönczifaß geleert und das Faß mit gewöhnlichem Traubenmost aufgefüllt. Je nach dem gewünschten Grad des hochprozentigen Ausbruches wurden ein bis fünf Butten Zibeben zu je 20 Kilogramm Trauben in das Faß gegeben, wonach er auch die Benennung: „ein-, zwei- ... fünfbuttiger Tokayer Ausbruch“ erhielt.

Schließlich die Krone der Sorten, die „Tokayer Essenz“, ein Konzentrat aus lauter ausgelösten, geschrumpften Beeren. Diese Essenz, der „König der Weine“, wurde jedoch nicht durch Pressung erzeugt, sondern man gab jeweils ungefähr dreißig Kilogramm Trauben in eine, am unteren Teil mit einem Holzstöpsel versehene Butte. Im Lagerraum wurde der Stöpsel entfernt und ein Gefäß daruntergestellt. Durch das natürliche Gewicht der Beeren träufelt Tropfen um Tropfen des ölig dicken, honigartigen Mostes nieder. Diese Flüssigkeit wurde in ein kleines Faß gefüllt. Nach der zwei bis drei Monate dauernden Vergärung und dem Abziehen vom Lager, nach ein bis eineinhalb Jahren, entsteht dann die „Tokayer Essenz“, nach dem Tropfvorgang auch „Tokayer Tropfessenz“ genannt. Den echten Tokayer Wein erkennt man an dem Zibebengeschmack, an der goldgelben oder goldbraunen Farbe, am feurigsüßen Geschmack und dem prächtigen Bukett, wie es kein zweiter Wein aufweist.

Kaiser Franz Joseph übersandte der Königin Victoria von England zu ihrem Regierungsjubiläum 25 Flaschen dieser heiß begehrten Tokayer-

Abfüll-Flaschen aus dem Hofkeller, links eine Tokayer-Flasche

essenz. Sie waren mehr wert als Gold oder Perlen. Dieser Tokayer im Hofkeller war allein für den Kaiser reserviert, nur er selbst durfte darüber verfügen.

Der Tokayer heilt den kaiserlichen Papagei

Der hochedle Tokayer wurde als besonderes Heilmittel angesehen und darum auch in der Hofapotheke bei der Burg ausgegeben, nicht nur an Menschen, sondern auch für das liebe Vieh, wie die Chronik berichtet.

Als ein der Kaiserin Maria Theresia gehöriger Papagei erkrankte, wurde er vom Hofmedikus mit Tokayer behandelt. Jeden Tag bekam er ein paar Tropfen eingeflößt. Die Chronik berichtet nicht, ob der „Paperl" geheilt wurde oder nur in fröhliche Duliöh-Stimmung geriet. Jedenfalls wurden die Kosten für den Papagei-Tokayer mit fünfzig Gulden (!) verrechnet, und diese Ausgabenpost wurde dann weiterhin alljährlich verbucht, obwohl der Vogel schon längst tot war. Vielleicht tat man es aus Pietät im guten Angedenken an den kaiserlichen Papagei, aber realistischer scheint es, daß sich andere „Vögel" an dem Tokayer gütlich getan haben. Und einen Rechnungskontrollor oder Hof-Sparmeister gab es nicht, der diese Ausgabenpost gestrichen hätte.

Der kostbare Tokayer-Wein war es auch, der mit seinem hohen Wert zur Deckung der Geldnot im Weltkrieg herhalten mußte. Im Frühjahr 1918 war das Hofzahlamt gezwungen, alle Gehaltszahlungen einzustellen, die Regierungschefs und auch der Geldverleiher des Hofes, die Bodenkredit-Anstalt, gaben keine Vorschüsse. Da kamen die Hofbeamten, voran der Erste Obersthofmeister Prinz Konrad Hohenlohe und der Kanzleidirektor des Obersthofmeisteramtes, Oskar Ritter von Keller, auf die sogleich bejubelte Idee, die im Hofkeller eingelagerten, großen Vorräte an Tokayer Weinen zu verkaufen.

Durch die Vermittlung des ungarischen Weinhändlers Ludwig Fuchs aus Tocsva wurde am 7. März 1918 der Verkauf von 6000 Hektoliter Tokayer Wein an eine Berliner Weingroßhandlung um eine Kaufsumme von sage und schreibe fünfzehn Millionen Kronen (= rund 55 Millionen Schilling) abgeschlossen. Zur Belohnung für dieses erfolgreiche Geschäft wurde Fuchs zum königlich ungarischen Rat ernannt, der Hofkeller-Verwalter Renglovics in den ungarischen Adelsstand erhoben – und das noch – zum Glück für Renglovics – am 15. Oktober 1918, denn wenige Tage später wäre eine Unterschrift des Kaisers oder seines Obersthofmeisters infolge des Zusammenbruches der Monarchie nicht mehr möglich gewesen.

Im Jahre 1933 gab es im Hofkeller noch ein paar hundert Flaschen dieser Spezialität, gewiß die einzigen, die damals überhaupt noch weltweit vorhanden waren.

Herrschaftswein, Offizierswein, Soldatenwein

Dem Hofkeller-Verwalter Karl Giersig bzw. ab Juli 1899 dem Hofwirtschafts-Adjunkten Josef Renglovics, der die Administration des Hofkellers bis nach dem Ende des Weltkrieges, also zwanzig Jahre lang, führte, unterstanden der Hofkellermeister Leonhard Wilflinger und dessen Nachfolger Regierungsrat Georg van Aken, drei Hofkeller-Offizianten 1. und 2. Klasse, ein Materialverwahrer und einige Gehilfen bzw. Diener, zusammen vierzehn Personen, die wiederum dem Hofwirtschaftsamt zugeordnet waren. Ranglovics' Vorgesetzter war der Kanzleidirektor im Obersthofmeisteramt, der bereits erwähnte Franz Freiherr von Wetschl.

Nach Kriegsende kam der Absolvent der Klosterneuburger Weinbauschule Ingenieur Walter Schneider in den dem Ackerbauministerium unterstehenden Hofkeller, mit dem Titel eines „Bundeskellerei-Oberinspektors".

Die Hofkeller-Bediensteten sorgten für die Auswahl und richtige Lagerung sowie für die Abgabe des Weines an den Hof. Für Faßweine wurden Weiß- und Rotweine von österreichischen und ungarischen Produzenten bezogen. Das Schottenstift (nahe bei Wien) lieferte den Weißwein „Maria Enzersdorfer" und Rotwein „Ofner Adelsberger", das Chorherren-Stift Klosterneuburg „Franzhäuser" aus den Weidlinger Rieden, das Stift Zwettl den „Nußberger" vom Nußberg

Überprüfen der Weinfässer im Hofkeller

bei Wien (Nußdorf), die Firma Johann Kattus von ihren Weingärten am Bisamberg und Weidling bei Klosterneuburg und auch aus Gumpoldskirchen wurde Wein bezogen.

Die Flaschenweine, zumeist Ausländerweine, kamen von hervorragenden inländischen Weingroßhandlungen wie Alois Stiebitz (heute noch in Wien I., Bognergasse), Johann Kattus und anderen, aber auch aus Deutschland und Frankreich.

Da die für die Hoftafel bestimmten Weiß- und Rotweine denselben Geschmack und Charakter aufweisen sollten, wurde die für ein Jahr benötigte Menge der gleichen Sorten im großen Mischfaß vermengt, also „verschnitten", wie der Fachausdruck lautet, und dieser Verschnitt ergab den sogenannten Herrschaftswein (von den besten Sorten), den Offizierswein und den Soldatenwein.

Der Herrschaftswein wurde an der Hoftafel aufgetragen. Zu jedem Gedeck wurde in Kristallkaraffen abwechselnd der Rot- oder Weißwein serviert.

Der „Offizierswein" wurde in der Hofburgkapelle (im Schweizerhof) bei der heiligen Messe verwendet. Die Offiziere, die ihren Dienst bei der Hofburgwache versahen, bekamen ebenfalls diesen Offizierswein zugeteilt, und in der Hofküche wurde dieser Wein als Kochwein benützt.

Die Mannschaft der Hofburgwache – die Wachstube befand sich im Erdgeschoß des Leopoldinischen Traktes, gleich in der Nachbarschaft der Hofkeller-Verwaltung – erhielt in früheren Zeiten pro Tag und Kopf ein halbes Maß „Soldatenwein". Den Unterschied zwischen Offiziers- und Mannschaftswein gab es nach einer Verordnung der Kaiserin Maria Theresia, die den Wachsoldaten auch ein Laibchen Brot und eine Extralöhnung verabreichen ließ. Zu ihrer Zeit bekam jeder Hofherr und jede Hofdame allabendlich einen „Schlaftrunk“ – zwei Maß Bier! Mit diesen drei Litern Bier war gewiß ein guter Schlaf garantiert. Diese drei Kategorien an Verschnittweinen konnten die Hofbeamten und Bediensteten auch gegen Bezahlung erhalten.

Bei Festen und Bällen wurde nur echter Champagner gereicht. Franz Joseph als Kenner lehnte den deutschen Sekt ab und es gab bei Hof nur die französische Champagnermarke „Moet et Chandon“, Epernay, geliefert vom Hoflieferanten J. Weidmann, Wien I., Babenbergerstraße 7.

Der Rheinwein im Hofkeller war durch den „Johannisberger-Zehentwein“ vertreten.

Am 9. Juni 1815 hatte der Wiener Kongreß das Eigentum der ehemals Fuldaischen Domäne Johannisberg am Rhein dem Kaiser Franz II. (I.) von Österreich übertragen. Der gute Kaiser Franz schenkte, in Anerkennung von Metternichs Verdiensten um den Kongreß, das Gut seinem Staatskanzler, Clemens Fürsten Metternich, unter dem Vorbehalt, daß er und seine Nachkommen „auf ewige Zeiten einen jährlichen Kanon, welcher in dem Zehnten eines Weinertrages in natura zu bestehen hat, an meine Krone zu entrichten“ habe.

Alljährlich wurde ein Beamter des Hofwirtschaftsamtes als Zehentkommissär nach Johannisberg entsendet. Während der Weinlese kontrollierte er die Anzahl der Butten und dann die Fässer mit dem Moste. Nachdem der Most vergoren war, Mitte Jänner, begab sich der Zehentkommissär abermals nach Johannisberg, um nach Durchkostung und Bewertung sämtlicher Jungweine den Zehent zu bestimmen.

Weiters gab es im Hofkeller stets über eintausend Flaschen Moselweine, verschiedene Sorten französischer Weine, wie neun Sorten Burgunder, dreiundvierzig Marken Bordeaux, hievon eineinhalb Dutzend Flaschen Mouton Rothschild aus dem Jahre 1870. Aus Istrien und Dalmatien kamen Dessertweine. Einige hundert Flaschen „Vin de la Trappe“ stammten aus den bosnischen Trappisten-Weingärten.

Als Kaiserin Elisabeth in ihrem Schlosse Achilleion auf Korfu weilte und die altgriechischen, legendären Stätten besuchte, kaufte sie für den Hofkeller griechische Weine, darunter Achaier, der Malvasier des Mittelalters, und Wein aus Ithaka, der Insel des Odysseus.

Die erste Kur im Ausland verbrachte die Kaiserin auf der portugiesischen Insel Madeira und auch von dort ließ sie Weine nach Wien bringen, darunter achtzig Flaschen Kapwein. Aber auch die südspanischen Weine waren vertreten, wie der dunkelrote, feurige Alicanti, sowie Medizinalweine von Malaga und Sherry von Xeres de la Frontera.

Reich war die Auswahl an Schnäpsen und Likören: Eckartsauer Kümmel, Kirschgeist, böhmischer Slibowitz, polnischer Kontuszowka, ungarischer Borowitzka (Wacholder), englischer Whisky, Punsch, Zaratiner Maraschina. Aus Frankreich kam Absynth, Benediktiner, Grand Marquier, Cordial Medoe, Crème de Menthe. Der Tokayer Kognak war in Fässern abgefüllt, der Rum in Halbliterflaschen.

Im Magazin der Hofapotheke in der Stallburg waren Medizinalliköre eingelagert und wurden über Verschreibung der Hofärzte an die Patienten des Hofes verabreicht.

Die Versteigerung der Hofkeller-Weine

Nach dem Zusammenbruch der Monarchie, Ende 1918, kam der Hofkeller an den Kriegsinvalidenfonds. Damals waren noch 32.000 Flaschen Tokayer Ausbruch und Essenz vorhanden, ebenso 35 Hektoliter Tokayer in Gebinden, 14 Hektoliter ungarischer Schillerwein und 362 Hektoliter sonstiger ungarischer Wein. Weiters lagerten noch 70 Hektoliter Rheinweine in Gebinden, 29.000 Flaschen von 34 Weinmarken, 6363 Flaschen französischen Champagner, 1531 Flaschen Inländer Schaumweine, 9418 Flaschen französischer Kognak, Liköre und Rum. Im Februar 1923 wurden die Champagnervorräte zugunsten des Fonds im Wiener Dorotheum versteigert. Der Rest der Hofkellervorräte im Werte von rund zwei Millionen Goldkronen wurde dem Invalidenfonds überlassen. Das Hofwirtschaftsamt selbst wurde bereits am 1. Mai 1919 aufgelöst.

Im Kellerabteil des Amalientraktes hatte die Verwaltung des Kriegsgeschädigtenfonds eine Restauration eingerichtet, in welcher Weine aus dem Hofkeller ausgeschenkt wurden.

Die Weinstube des Alten Hofkellers, Eingang Schauflergasse, eröffnet im Jahre 1925. Links oben: Gott Bacchus reitet auf einem Weinfaß.

In der Zeit zwischen den beiden Weltkriegen wurde der Hofkeller im kleinen Rahmen von den staatlichen Weingütern versorgt und von Bundesbediensteten verwaltet. Im Manipulationsraum des Hofkellers wurden auch Flaschenweine verkauft. Ein Rechnungsführer, ein Kellermeister und zwei Gehilfen besorgten die Geschäfte. Bei Inventurskontrollen sog der Kellermeister Alois Haucke mit dem Weinheber aus jedem Eichenfaß eine Kostprobe, damit ihm niemand sagen könnte, „es wär' im Fassl a Wasser drin g'wesen".

Diese Weinbestände versorgten auch die Weinstube des „Alten Hofkellers" (ehemaliger Tokayer-Keller) in der Hofburg, Eingang Schauflergasse Nr. 1, wo der Gast im tiefen Gewölbe, umgeben von den Restbeständen der alten großen Eichenfässer, bei traulichem Kerzenlicht und leiser Zithermusik, noch die Atmosphäre des alten Hofkellers verspüren konnte.

Heute ist dieser Weinkeller leider auch schon verbaut.

Mit dem Ende des Zweiten Weltkrieges hatte auch die letzte Stunde des Hofkellers geschlagen. Bereits im Krieg waren die unteren Geschosse als Luftschutzräume und militärischer Befehlsstand verwendet worden und nach einigen Jahren des Wiederaufbaues wurde in den Kellerräumen ein Gipsmodell-Magazin eingerichtet. Es kamen die Modelle der Denkmäler, Brunnen und sonstiger Bauten aus der Ringstraßenzeit in diese dunkle, ruhige Abgeschiedenheit. Hier träumen sie nun, die großen und kleinen Figuren der Denkmäler, die Darstellungen für das Grillparzer-Denkmal, ebenso die schauspielerischen Gestalten des Burgtheaters, „Minna von Barnhelm", „Die Jungfrau von Orleans", „Hamlet", „Der Cid", „Die Nibelungen". In einem Raum stehen die Werke des Bildhauers Haerdtl, die er für die Ausschmückung des Naturhistorischen Museums schuf: Jupiter, Pluto, Merkur, Venus und die des Bildhauers Weyr für das Kunsthistorische Museum: Darstellungen der historischen Kunstrichtungen und Kunststätten. Dazu die Modelle der Kunstgenies, geschaffen vom Bildhauer Tilgner: Tizian, Bellini, Leonardo da Vinci, Michelangelo. Das Modell des Reliefs, das im Original an der Außenfront der Peterskirche im 1. Wiener Gemeindebezirk zu sehen ist, zeigt Kaiser Karl den Großen bei der Kreuzesaufrichtung. Einige Schritte weiter entdeckt man die Modelle der Bildhauerarbeiten für das Parlament, die Universität, sowie die Symbolgestalten von der Fassade der Neuen Burg. Kleine Kunstwerke sind die Modelle zum Kaiserin Maria Theresien-Denkmal, zum Anzengruber-Monument und die Brunnenfiguren vom Michaelerplatz, ebenso das der Kaiserin Elisabeth, das für ihr Denkmal im Volksgarten geschaffen wurde. Wendet man sich wieder dem Stiegenaufgang zu, grinsen von den Wänden große Masken, aus Gips geformt, dem Störenfried entgegen. Tempi passati ...

Links und oben: Gipsmodelle der Ringstraßen-Denkmäler im ehemaligen Hofkeller. Szene aus dem Film „Mayerling“: Graf Hoyos (Desny) geleitet die Baronesse Vetsera (Deneuve) durch die ehemaligen Hofkeller-Räume (1967).

Das Ende

„Gebackene Gemüseschnitzel ...“

Es war der 27. Februar 1919 – ein trüber, regnerischer Tag. Kaiser Karl war im Schloß Eckartsau im Marchfeld angelangt, eine verzweifelte Situation. Am Abend gab es ein von dem treuen Chefkoch Rudolf Munsch zubereitetes „Diner“ mit dem Kaiser, seiner Gemahlin Zita, der Erzherzogin Josepha, Mutter des Kaisers, dem Burgpfarrer Bischof Seydl und dem englischen Oberstleutnant Strutt.

Gemüsesuppe
Gebackene Gemüseschnitzel
Trockene Biskuits

Das blieb übrig von der einst so reichen kaiserlichen Hofküche ...

Und einige Jahre danach: Als die Exkaiserin Zita mit jungen Jahren Witwe geworden war und nun für ihre acht Kinder selbst kochen mußte, meinte sie: „Kochen ist angenehm und leicht, wenn man Geld hat. Anders sehen die Dinge jedoch aus, wenn man zehn Münder stopfen muß, ohne ins Volle greifen zu können.“

Über den Autor

Ein Nachwort von Brigitte Hamann

Dieses Buch ist ein Beitrag zur Alltagsgeschichte – einer historischen Disziplin, die früher zugunsten der Personengeschichte sehr vernachlässigt wurde, heute aber „modern" geworden ist. Daß auch ein Kaiserhof einen Alltag hatte, daß er ein Wirtschaftsunternehmen mit mehreren tausend Beschäftigten und einer eigenen, höchst komplizierten Sozialstruktur war, wurde sowohl von der „altmodischen" Personenhistorie wie der „neumodischen" Alltagshistorie bisher wenig gewürdigt. Es gibt zu diesem Thema keine wissenschaftlichen Vorarbeiten. Kurz gesagt (und zur Entschuldigung): die Historiker brauchen noch Zeit, um das Thema gründlich aufarbeiten zu können. Sie sind deshalb Autoren wie Josef Cachée zu großem Dank verpflichtet.

Josef Cachée mußte seine farbigen Informationen nicht erst mühsam aus dem Staub der Archive heraussuchen (obwohl er auch das zuweilen tut) – sie sind ihm im Lauf eines arbeitsreichen Lebens quasi zugeflogen.

Seit dem Jahr 1936, als ihn Erzherzog Eugen dem Ministerium für Handel und Verkehr empfahl, steht Cachée im Hofdienst, pardon: *ehemaligen* Hofdienst. Er hatte mit der hofärarischen Schloßverwaltung zu tun, mit der Hofburg, Schloß Schönbrunn, Hetzendorf und anderen Schlössern. Zunächst – vor dem Zweiten Weltkrieg – arbeitete er in den ehemaligen Hofkellereien. Dort fand er bei Dienstantritt noch 128 Flaschen des Jahrgangs 1902/1903 aus den Fürst Metternich'schen Weingütern, die als Deputat für Seine Majestät, Kaiser Franz Joseph, gedacht waren (und viele andere kaiserliche Wein- und Likörspezialitäten). Seit dieser Zeit kennt er sich in den dreigeschossigen weitläufigen Kellern der Hofburg aus wie kein anderer.

Nach dem Weltkrieg arbeitete er in der Verwaltung mehrerer Schlösser und ehemaliger Residenzen, so in der Hofburg in Innsbruck, Ambras und der Hofburg in Wien. Überall traf er auf Überreste der „guten, alten" Zeit, bewahrte und rettete, was er konnte. So setzte er seine ganze Kraft ein, um die völlig zerstörten Kaiserappartements wieder herzurichten, reparieren zu lassen. Vor allem die Touristen danken es ihm heute – und manche ausländische Fernsehgesellschaft läßt sich ein Interview mit Cachée nicht entgehen. Denn wer außer ihm weiß schon so lebensnahe kaiserliche Geschichten zu erzählen!

Noch heute hat Cachée seine alte Wohnung in der Hofburg in Wien – im Dachgeschoß, dort wo früher die Kammerzofen und Rechnungskontrollore wohnten.

Seine Familie war seit Generationen mit dem Kaiserhaus verbunden: ein Urgroßvater mütterlicherseits war der Hofkompositeur unter Kaiser Franz, Paul Maschek. Er komponierte Opern, Messen, Sinfonien, aber auch die Musik zu den berühmten „Bauernhochzeiten" im Redoutensaal, wo Kaiser und Kaiserin in bäuerlicher Verkleidung mit einem bäuerlich kostümierten Hofstaat „einfaches Leben" zur Musik von Maschek spielten. Das urgroßväterliche Hauptwerk war das sinfonische Tongemälde „Die Völkerschlacht bei Leipzig", das beim Wiener Kongreß zwei Aufführungen im Burgtheater erlebte.

Der Urgroßvater väterlicherseits war Oberstallmeister des Herzogs von Modena in Wien, andere Verwandte Regimentsmusiker und Kapellmeister. Der Großvater kämpfte 1848 unter Radetzky in Italien und dann unter Erzherzog Wilhelm bei Königgrätz. Dort wurde der Erzherzog am Bein verletzt, sein Pferd getötet – Großvater Cachée half und übergab dem Kommandanten sein Pferd.

Erzherzog Wilhelm zeigte seine Dankbarkeit damit, daß er Großvater Cachée zum Verwalter der Hoch- und Deutschmeisterlichen Güter in Mähren machte.

Cachée hat die Musikalität seiner Vorfahren geerbt. Er spielt Klavier, Violine, Akkordeon und eine hundert Jahre alte, original Schrammel-Knopfharmonika. Seine Sammlung von Wienerliedern, vor allem Schrammelmusik, umfaßt inzwischen etwa 15 000, auch handschriftliche Stücke.

Nun also hat er seine Hof- und Küchengeschichten aufgeschrieben, Geschichten, in die viele Erzählungen von Augenzeugen, von Hofköchen und -köchinnen, von Lakaien, Hofkellermeistern, Leibkammerdienern eingeflossen sind und die einen jahrzehntelangen Umgang mit den Überresten dieses Wirtschaftsunternehmens der kaiserlichen Güter und der kaiserlichen Küche dokumentieren.

Quellenverzeichnis

Rudolf Munsch, k.u.k. Hofchefkoch, „Verklungene Tage aus der Wiener Hofküche“, o.D.

Egon Caesar Conte Corti, „Vom Kind zum Kaiser. Kindheit und erste Jugend Kaiser Franz Josephs I.“, Verlag Anton Pustet, Graz 1950.

Eugen Ketterl, „Der alte Kaiser, wie ihn nur einer sah“, Wien, München 1980.

F.M. Sknorzil, „Die Wiener Hofküche“, Monatsschrift „Alt Wien“, Jänner 1896.

„Über Land und Meer“, Deutsche Illustrierte Zeitung, Leipzig, Jahrgang 1889.

Joseph von Renglovics, „Lebenserinnerungen eines ehemaligen Hofbeamten der kaiser- und königlichen Hofhaushaltung“, Wien 1938.

Melanie v. Wallis, „Wiener Küchen“, Zeitschrift „An der schönen blauen Donau“, 2. Heft, Jahrgang 1886.

Friedrich Josef Hampel, Hofkoch in der k.u.k. Hofmundküche, „Hand- und Receptbuch füpr die Thee- und Mehlspeisküche. Mit Berücksichtigung eines handschriftlichen Nachlasses des k.u.k. Hofkoches A. Radelmacher.“ Wien, Pest, Leipzig 1896.

„Erster Wiener Kochkunst-Kalender“, Wien 1914.

„Lucullus“, Handbuch der Wiener Kochkunst, Wien 1915.

Ida Barber, „Die kaiserliche Hofküche in Wien“ im „Elisabeth-Blatt“, Illustrierte Monatsschrift für christliche Hausfrauen, Linz, Mai–Juni 1909.

Dr. E.M. Kronfeld, „Franz Joseph I. Intimes und Persönliches“, Wien 1917.

Ann Tizia Leitich, „Wiener Zuckerbäcker“, Amalthea-Verlag Wien/München 1980.

Karl Duch, „Hand-Lexikon der Kochkunst“, Linz 1961.

Reinhard E. Petermann, „Die alten Strassen und Plätze Wiens und ihre historisch interessanten Häuser“, Wien 1883.

Ferdinand Menčik, „Beiträge zur Geschichte der kaiserlichen Hofämter“, Wien 1899.

„Neue Freie Presse“ vom 29. August 1933: „Die Weinkatakomben Wiens. Besuch im ehemaligen Hofkeller“.

„Kleine Volks-Zeitung“ vom 25. Dezember 1935: „Unter dem Wiener Pflaster“.

Oesterreichisches Staatsarchiv Wien, Zeremonial-Dep., Sonderreihe „Hofdiners“.

„Wiener Salonblatt“ vom 20. November 1892: „Fürstliche Gäste in der Wiener Hofburg“.

Bildnachweis

„Österreichische Kunsttopographie der k.k. Hofburg“ von Dr. M. Dreger, Wien: 9, 10, 11, 12, 13.

Pfarre St. Michael, Wien: 15

Bundesmobilien-Verwaltung Wien: 21, 33, 34, 35, 37.

Bildarchiv der österreichischen Nationalbibliothek: 22, 23, 41, 110, 113, 117, 140, 141, 143, 147.

„Viribus unitis. Das Buch vom Kaiser“ von Max Herzig, Wien, o.J.: 27, 29, 44, 48, 51, 52, 54, 59, 91, 96/97, 101, 103, 118, 121.

Kunsthistorisches Museum, Wien: 53, 83.

Aus diversen Privatbesitzen: Vorsatz, 6/7, 16, 21, 24, 25, 36, 39, 45, 46/47, 49, 50, 55, 56, 57, 60, 73, 74, 80, 81, 82, 84, 85, 99, 108, 109, 113, 116, 127, 138, 149, 151.

Österreichisches Staatsarchiv: 18/19, 106/107, 136/137.

Österreichisches Museum für Angewandte Kunst, Wien: Nachsatz

Höhere grafische Lehr- und Versuchsanstalt, Wien: Schutzumschlag (Foto), 1.

Alle übrigen Abbildungen stammen aus dem Archiv des Autors.